BÜCHERSCHRANK

Ich bin
ein
Gratisbuch

ROSENTAL

Michael Höllerer

Leben und Arbeiten in Panama

BÜCHERSCHRANK
Ich bin ein Gratisbuch
ROSENTAL

Deutsche Bibliothek – CIP-Einheitsaufnahme

Michael Höllerer
Leben und Arbeiten in Panama

Berlin: Gentlemen's Digest Ltd. & Co. KG, 2011
ISBN 978-3-941045-21-7

1. Auflage 2011

© Gentlemen's Digest Ltd. & Co. KG, Berlin
Alle Rechte vorbehalten. All rights reserved.
Bildrechte Cover-Foto: © Eva Lemonenko – Fotolia.com

Herausgeber und Verlag: GD-Verlag | Gentlemen's Digest Ltd. & Co. KG
                          Auguststr. 75 | D-10117 Berlin
                          eMail: info@gdigest.com

Druck und Bindung: Sowa-Druck auf Wunsch
                          www.sowadruk.pl

Alle hier vorliegenden Inhalte sind urheberrechtlich geschützt. Die Vervielfältigung, Verbreitung und Übersetzung ist nicht gestattet. Kein Teil des Werkes darf in irgendeiner Form (durch Fotokopie, Mikrofilm oder ein anderes Verfahren) ohne schriftliche Genehmigung des Verlags reproduziert oder unter Verwendung elektronischer Systeme gespeichert, verarbeitet, vervielfältigt oder verbreitet werden.
Der Nachdruck, auch auszugsweise, ist verboten und wird als Rechtsverletzung strafrechtlich und zivilrechtlich verfolgt.

www.gdigest.com | www.auswandern-infos.com | www.xinxii.com

Danksagung des Autors

An meine Familie in Panama und zuhause in Deutschland geht mein Dank – nichts von alldem wäre ohne euch möglich oder auch nur erstrebenswert gewesen.

INHALT

Vorwort 11

1. Leben in Panama 13
Das Land Panama 15
- Geografie 15
- Bevölkerungsdichte und Zusammensetzung 15
- Natürliche Bedrohungen 17
- Aktuelle Umweltprobleme 17
- Regionen 17
- Städte 17
- Klima 18
- Feiertage 18

Der Staat Panama 19
- Politische Verhältnisse 19
- Politik und Korruption 21
- Einnahmequellen des Staates 21
- Währung/Zahlungsmittel 22
- Steuern 22
- Maßeinheiten 25

2. Auswandern und Arbeitssuche 27
- Die Vorbereitung 29
- Jobsuche 31
- Arbeitsmarkt 32
- Arbeitsrecht 33
- Als Angestellter in Panama 33
- Spanisch lernen 34
- Auswandern mit Familie 35
  - Kindergarten 35
  - Schulen 36
  - Studium 37
  - Haustiere 38
- Notwendige und nützliche Unterlagen zum Auswandern ... 38

3. Land und Leute 41
- Arbeitsmoral 44
- Soziale Strukturen 44

Lebenshaltungskosten	45
Liebe/Sex	46
Schönheitswettbewerbe	47
Marching Bands	47
Drive ins	47
Nationalstolz	48
Durchschnittsalter	48
Lärm und Farben	49
Etikette/Respekt	50
Schmiergeld	51
Umweltschutz	52
Zuverlässigkeit	53
Neid	54
Privatsphäre	55
Küche	55
Begrüßungen	56
Verkehr	57
Kultur	59
Feiertage	59
Tänze/Musik	59
Pushes	60
Medien	62
4. Geschichte/Vergangenheit	**65**
5. Wirtschaft/Infrastruktur	**71**
Einige Zahlen zur Wirtschaft	73
Wirtschafts- und Währungsstabilität	76
Bankensystem	77
6. Gesundheit	**79**
Medizinische Grundversorgung	81
Krankenversicherung	81
Medizinische Vorsorge	82
Impfschutz	83
Malaria	83
HIV/AIDS	84
Durchfallerkrankungen und Cholera	85
Grundsätzliches für den Alltag	85
Versicherungen	86

7. Sprache 89
    Kleiner Sprachführer 92

8. Sicherheit, Justiz, Behörden 95
    Ausweispflicht 98
    Waffen 98
    Kriminalität 98
    Drogenschmuggel 101
    Naturkatastrophen 101
    Besondere strafrechtliche Bestimmungen 101

9. Erste Reise zum Kennenlernen 103
    Checkliste 105
    Reiseapotheke 105
    Empfehlung: Zeit nehmen 106
    Reiseführer 107
    Anreise 107
        Flugzeug 108
        Bahn 109
        Bus 109
        Auto 109
        Schiff 109
    Ziele 110
    Nationalparks in Panama 111
    Reiseroute 112
    Reisen im Land 114
        Mit dem Auto 115
        Taxi 115
        Eisenbahn 116
        Schifffahrt 116
        Flugverkehr 117
        Bus 117
    Einkaufen 118
        Einkaufszentren/Supermärkte 118
        Souvenirs 119
    Restaurants/Imbisse 119
    Unterkunft 119

10. Geschäftsgründung 121
    Konto eröffnen 124

S.A. (Sociedad anonyma) anmelden	124
Internetdomain reservieren	124
Genehmigungen einholen	125
Geschäftsidee	126
Businessplan	126
Angestellte	127
11. Grundstückskauf/Immobilien	**129**
Lage	131
Vermessung	132
Verträge	133
12. Bauen in Panama	**137**
Kosten und Zeitrahmen planen	142
Erschließungskosten	145
Grundlegende Informationen	149
13. Aufenthaltsgenehmigung/Visa	**157**
Schlusswort	**167**
Anhang	**169**
Panama – wichtige Adressen	171
Liste der Städte in Panama	173
Wichtige und interessante Weblinks	175
Über den Autor	**177**
Index	**179**

VORWORT

„Oh, wie schön ist Panama ..." – dieser Satz aus Janoschs gleichnamigem Buch ist häufig das Erste, meist aber auch das Einzige (außer natürlich dem Panamakanal), was dem durchschnittlichen Europäer zu diesem kleinen, aber aufstrebenden mittelamerikanischen Land einfällt.

Aber Panama hat dem Interessierten nicht nur den Duft von Bananen zu bieten. Mit etwas Hingabe und Motivation, etwas Vorbereitung und Basiswissen (anders als der Tiger und der Bär), offeriert Panama nahezu unbegrenzte Möglichkeiten, sich den Traum vom Ruhestand in den Tropen, kostengünstigen Grundbesitz oder von der Verwirklichung einer Geschäftsidee zu erfüllen.

Dieses Buch soll Ihnen dabei helfen, eine grundsätzliche Übersicht über das Land, die Gesetze und Vorschriften bezüglich Aufenthaltsgenehmigung oder Existenzgründung zu erhalten.

Hier können Sie wichtige und interessante Dinge in Erfahrung bringen und eine Kultur – die zwar nicht komplett anders, aber doch teilweise sehr unterschiedlich zur europäischen ist – etwas besser verstehen lernen. Dieses Buch soll Ihnen den Start in einem vielversprechenden Land erleichtern und Sie vor Fehlern bewahren, die man ganz ohne Vorbereitung gerne einmal macht.

Ein Land, das trotz seiner tropischen Lage, seiner wunderschönen Strände und seiner Natur bis vor kurzem noch fast vollkommen vom Massentourismus verschont blieb und Ihnen deshalb noch wirklich unberührte Plätze und eine unglaubliche Vielzahl an Möglichkeiten bieten kann. Ein Land, in dem es an den essentiellen Dingen fehlt, weil es zumindest außerhalb der großen Stadt immer noch kaum Infrastruktur und Angebote kommerzieller, kultureller oder touristischer Art gibt. Ein Land, das sich in Aufbruchstimmung befindet, vergleichbar mit dem Wilden Westen vor hundert Jahren. Ein Land, das jedem eine faire Chance gibt, sich selbst und seine Träume zu verwirklichen.

Vorwort

Was denken Sie: Haben Sie die nötige Motivation, Offenheit und Flexibilität, einen Neuanfang zu wagen? Sind Sie sehr fleißig, anpassungsfähig und aufgeschlossen? Sind Sie willens, sich in ein neues Abenteuer zu stürzen?

Dann ist vielleicht hier in diesem kleinen tropischen Land der richtige Platz für Sie!

Aber denken Sie immer daran:

Es gibt kein Paradies ohne Schlangen (No paraiso sin serpientes) – erwarten Sie nicht das Schlaraffenland auf Erden, immerwährende Freude und ein problemloses Leben ohne Arbeit im Luxus für Sie, Ihre Freunde und Ihre Familie.

Ein bisschen (und manchmal auch ein bisschen mehr) Frustrationstoleranz, Durchsetzungswillen und Durchhaltevermögen ist Grundvoraussetzung für einen erfolgreichen Neuanfang, hier wie auch anderswo.

Vor allem empfiehlt sich immer eine Reise, um zunächst das Land kennenzulernen, damit Sie nicht wie andere Auswanderer, die man aus Fernsehsendungen wie „Mein neues Leben" kennt, vollkommen unvorbereitet starten!

1. Kapitel:

LEBEN IN PANAMA

Das Land Panama

Geografie

Seine Koordinaten lauten: 9 00 N, 80 00 W. Damit ist Panama das südlichste Land Mittelamerikas und das einzige zentralamerikanische Land, das keine Nord-Süd-Ausrichtung, sondern Ost-West-Lage hat. Es grenzt im Osten an Kolumbien und im Westen an Costa Rica. Durch die strategisch günstige Lage am östlichen Ende des Isthmus kontrolliert Panama einen der größten Verkehrswege der Welt, den Panama-Kanal, die Verbindung der Karibik mit dem Nordpazifik.

Panama ist insgesamt 75.420 Quadratkilometer groß, davon beträgt das Festland 74.340 Quadratkilometer und das Herrschaftsgebiet im Wasser 1.080 Quadratkilometer.

Diese Fläche entspricht ca. einem Fünftel der Größe Deutschlands. Die Landesgrenzen sind insgesamt 555 km lang, angrenzend an Kolumbien 225 km und an Costa Rica 330 km. Panama hat eine Küstenlinie von insgesamt 2.490 km.

Panama beansprucht ein Hoheitsgebiet von 12 nm (Nautical Miles), die erweiterte Zone ist 24 nm groß.

Panamas niedrigster Punkt ist die Küstenlinie des Pazifiks mit 0 m über dem Meeresspiegel, der höchste Punkt ist der Volcan Baru mit 3.475 m.

Bevölkerungsdichte und Zusammensetzung

Panama weist nur in Küstennähe und an wenigen ausgesuchten Orten in den Bergen eine größere Bevölkerungsdichte auf. Der Rest des Landes ist nur spärlich oder, wie in der Provinz Darién, fast überhaupt nicht besiedelt. Des Weiteren ist fast die gesamte Karibikküste, mit Ausnahme der

1. Leben in Panama

Gegend um Panama City (Colón) und der Region Bocas del Toro, nicht oder nur von Indios besiedelt. Keine Straßen führen an die nördliche Küste Panamas, deshalb werden diese Gebiete wohl auch in der nahen Zukunft nicht wirklich besiedelt werden. Dies ergibt einen Durchschnitt von nur 42 Einwohnern pro Quadratkilometer.

70 % der Bevölkerung sind Mestizen (eine Mischung der Ureinwohner und Kolonisierer), 10 % Weiße, 12 % Schwarze und 8 % Indigene (Indianer).

Im Jahr 2005 ergab eine Volkszählung folgende Prozentsätze der Altersaufteilung: zwischen 0–15 Jahre 30,7 %, zwischen 15 und 65 Jahre 63,7 % und älter als 65 Jahre 6 %.

Die Zahlen der neuesten Volkszählung (Juni 2011) liegen leider noch nicht vor, werden aber auch nicht viel anders ausfallen. Panama ist ein Land mit sehr junger Bevölkerung und großem Potential, zum Guten wie zum Schlechten.

Durch die relativ dünne Besiedlung bedingt, ist es beispielsweise für einen Viehzüchter und Großgrundbesitzer überhaupt keine Besonderheit, mehrere hundert oder gar tausend Hektar zu besitzen. Auf der anderen Seite aber ist und wird es beispielsweise für den kleinen Angestellten eines Ladens wohl lange ein Traum bleiben, sein eigenes Haus zu besitzen. Besitz und finanzielle Mittel sind sehr ungerecht verteilt.

Die „Zivilisation" (Internet, Straßen, Krankenhäuser etc.) ist nur in der Nähe von Ballungszentren oder entlang der Panamericana zu finden. Sobald man sich ein paar Kilometer von diesen entfernt, befindet man sich schnell im Niemandsland, das fast ausschließlich von Kühen bevölkert wird – es gibt also viel zu entdecken.

Seit einigen Jahren wird Panama sowohl in den Medien als auch von der Regierung als das „Rentner- und Auswanderungsland" vermarktet. Ein unglaublicher Bauboom genauso wie eine gigantische Immobilienspekulationsindustrie haben dem Land wachsende Bruttosozialproduktzahlen, aber auch eine immer weiter auseinanderklaffende Einkommensverteilung beschert.

Natürliche Bedrohungen

Gelegentlich heftige Stürme, wenn auch keine Hurrikane, und teils ausgedehnte Waldbrände in Darién prägen das Land Panama. Erdbeben reichen meist über ein kurzes Wackeln nicht hinaus, über die Ufer tretende Flüsse bei heftigen Regenfällen sind hier ein oft gesehenes Bild.

Aktuelle Umweltprobleme

Wasserverschmutzung durch Überdüngung der Agrikulturflächen bedroht die Fischerei. Die durch Abholzung tropischer Regenwälder verursachte Bodenerosion bedroht den Panamakanal durch Verlandung. Starke Luftverschmutzung in den Städten, vor allem in Panama City, und die Bedrohung der Ökosysteme durch Minen infolge von Abholzung und Wasserverschmutzung sind aktuelle Umweltprobleme Panamas.

Regionen

Panama ist in neun Provinzen (*provincias*, Einzahl – *provincia*) und zwei Territorien (*comarcas*, in denen die *kunas* selbstverwaltet leben) aufgeteilt: Bocas del Toro, Chiriquí, Coclé, Colón, Darién, Herrera, Los Santos, Ngöbe-Bugle, Panamá, Kuna Yala (San Blas) und Veraguas.

Städte

Im Folgenden eine Aufzählung von Panamas größten Städten: Eine ausführliche Städteliste mit ungefährer Einwohnerzahl finden Sie im Anhang.

- Panama-Stadt – Hauptstadt
- David – Hauptstadt Provinz Chiriquí
- Colón – Hauptstadt der gleichnamigen Provinz Colón
- Santiago – Hauptstadt der Provinz Veraguas
- Los Santos – Provinzstädtchen auf der Azuero-Halbinsel nahe Chitré
- Chitré

Klima

Es herrscht tropisches Klima mit nur zwei Hauptjahreszeiten: Trockenzeit (Sommer) und Regenzeit (Winter).

Die Trockenzeit ist von Januar bis April. Die Temperaturen reichen von 28 bis 36 Grad, mit einer andauernden Brise aus Norden und einer nicht so hohen Luftfeuchtigkeit (Durchschnitt ca. 85 % und 45 %) wie im Winter.

Die Regenzeit ist von Mai bis ca. Mitte Dezember, wobei es anfänglich (im Normalfall, bitte nageln Sie mich nicht hierauf fest) wenig regnet, nur alle 2–3 Tage ca. 1–2 Stunden. Wir nennen diese Zeit die „Green season" – Regensaison hört sich so viel ungemütlicher an, als es in Wirklichkeit ist. Die Regenfälle verstärken sich normalerweise bis in den Oktober und November, wo es dann tagelang mal mehr oder weniger stark regnen kann (aber auch nicht muss).

Die Regenschauer ergießen sich meist aber nur 15 Minuten lang, dafür umso heftiger, und anschließend kommt die Sonne wieder heraus. Die Luftfeuchtigkeit in der Regenzeit kann bis zu 93 % betragen, Temperaturen von 24 bis 34 Grad in Meernähe, in Höhenlagen auch nur bis zu 10 Grad!

Feiertage

Termin	Name	Bedeutung
1. Januar	Año Nuevo	Neujahr
7. Januar 2008	Día de los Martires	Erinnert an die Ausschreitungen vom 09. Januar 1964 (Flaggenstreit)
beweglich	Carnaval	Karneval
beweglich	Carnaval	Karneval
11. März		Lehrertag
9. April 2009	Jueves Santo	Gründonnerstag
10. April 2009	Viernes Santo	Karfreitag, vor dem ersten Sonntag, nach dem ersten Frühlingsvollmond
1. Mai	Día del Trabajo	Maifeiertag

15. August	Fundación de la Ciudad de Panamá	**Panama-City-Tag**, nur in Panama-Stadt
1. November		**Tag der Kinder**
3. November	Seperación de Panamá de Colombia	**Unabhängigkeitstag**, erinnert an die Unabhängigkeit von Kolumbien im Jahre 1903
4. November	Día de la bandera	**Tag der Flagge**
10. November	1er grito de Independencia	**Proklamation der Unabhängigkeit**
28. November	Independencia de Panamá de España	**Unabhängigkeitstag**, erinnert an die Unabhängigkeit von Spanien
8. Dezember	Día de la Madre	**Muttertag**
25. Dezember	Navidad	**Weihnachten**

Hinweis: Einige der Feiertage werden u. U. auch mal spontan verlegt, um lange Wochenenden zu erhalten.

Der Staat Panama

Politische Verhältnisse

Panama ist eine konstitutionelle Demokratie. Die Konstitution stammt aus dem Jahre 1972, wurde 1978 reformiert durch die „actos refirmarios" und 1983 durch den „acto constitutional".

Die politische Konstitution beinhaltet drei unabhängige Organisationen mit klar definierten Verantwortlichkeiten:

- Das *Tribunal Electoral*, welches die persönliche Freiheit der Bürger garantiert, Transparenz im politischen System gewährleistet und den Ablauf der Wahlen überwacht.
- Die Finanzverwaltung und Überwachung der Budgets liegt beim verantwortlichen Minister.
- Das *Ministerio publico*, welches die Interessen des Staates und der Regierungsbezirke vertritt.

Aufbau des politischen Systems:

- **Die Exekutive**
Sie besteht aus dem Präsidenten und einem Vizepräsidenten. Beide werden für eine nicht erneuerbare fünfjährige Amtszeit direkt gewählt.
 - Präsident Ricardo Martinelli (Cambio Democratico).
 Amtsantritt: 1. Juli 2009
 - Vize-Präsident Juan Carlos (Varela Panameñista).
 Amtsantritt: 1. Juli 2009
- **Minister**
Insgesamt 16 Minister sind für ihre jeweiligen Bereiche (z. B. Tourismus, Bildung etc.) zuständig.
- **Legislative**
Die Asamblea Nacional (Nationalversammlung) besteht aus 71 Mitgliedern, die für fünf Jahre gewählt werden.
- **Parteien und deren Vorsitzende**
 - Demokratischer Wechsel oder Cambio Democratico (Ricardo MARTINELLI)
 - Demokratische Revolutionspartei oder PRD (Francisco SANCHEZ Cardenas)
 - Nationale Republikanische Liberale Bewegung oder MOLIRENA (Sergio GONZALEZ-Ruiz)
 - Panameñista Partei (Juan Carlos VARELA Rodriguez)
 - Patriotische Union Partei oder UP (Anibal GALINDO)
 - Volkspartei oder PP (Milton HENRIQUEZ)
- **Judikative**
Die Rechtsprechung soll permanent, frei und prompt vom Justizorgan ausgeführt werden. Das Justizorgan beinhaltet verschiedene Gerichtshöfe, Tribunale und die Richter, wie in der panamaischen Konstitution geregelt.
- **Wahlen**
Ein autonomes Tribunal überwacht die Wählerregistrierung, den Wahlablauf und die Aktivitäten der politischen Parteien. Wahlpflicht besteht ab 18, Nichtwahl wird jedoch nicht geahndet.

Politik und Korruption

Schon seit jeher hat Panama, wie alle anderen lateinamerikanischen Länder auch, mit der unglaublich weit verbreiteten massiven Korruption zu kämpfen, die nicht im Entferntesten mit der gemäßigten europäischen Vetternwirtschaft zu vergleichen ist.

Egal, ob Politiker, Polizist, Staatsangestellter oder Privatmann – die Hand wird überall gerne aufgehalten.

Vor allem die hohe Bestechlichkeit der Politiker hat eine regelrechte Politikverdrossenheit ausgelöst.

Trotz stetiger Antikorruptionsprogramme ändert sich nur wenig und dies extrem langsam. Freunde an den richtigen Stellen, ein kleines Geschenk zur richtigen Zeit kann Wunder wirken und ist vor allem bei Großprojekten (Kanal, U-Bahn), aber auch im Alltag anscheinend nicht zu vermeiden.

Einnahmequellen des Staates

Eine Haupteinnahmequelle des Staates sind in Panama nicht die Steuern, sondern Gelder, die durch den Kanal (Gebühren pro Durchfahrung) ins Land gelangen.

Ein Großteil dieser Summe wird auch sofort wieder in die Infrastruktur des Landes investiert. So sind z. B. das Straßensystem, die Krankenhäuser und andere staatliche Einrichtungen im Vergleich zu einigen anderen lateinamerikanischen Ländern (jedoch nicht zu Europa) in einem vorzüglichen Zustand.

Es scheint jedoch auch, als würden die durch den Kanal ins Land gespülten Gelder mit vollen Händen zum Fenster hinausgeworfen: Teilweise ist jedes zweite Auto auf der Straße in öffentlicher Hand und die Bürokratie verwaltet hauptsächlich sich selbst.

Währung/Zahlungsmittel

Die Landeswährung in Panama ist der Balboa. Dieser existiert jedoch nur in Münzform und ist 1:1 an den US-Dollar gekoppelt, der das Hauptzahlungsmittel ist. Die Balboa-Münzen entsprechen von der Form und Größe her auch den US-Dollar-Münzen.

Kreditkarten werden in der Hauptstadt und in den Touristenzentren meistens akzeptiert (vor allem Visa und Mastercard), in abgelegeneren Gegenden sollte man aber immer genügend Bargeld mithaben. Dies lässt sich allerdings in einigen Regionen Panamas nicht immer mit den teils vorkommenden Überfällen vereinbaren – seien Sie vorsichtig und planen Sie den Gebrauch Ihrer finanziellen Mittel.

Steuern

Um Ihnen zu helfen, das Steuersystem Panamas zu verstehen, erhalten Sie nachfolgend einen Überblick über die geläufigsten Steuern. Für detaillierte und aktuelle Informationen wenden Sie sich bitte an einen Steuerberater. Gesetze und Steuersätze ändern sich ständig.

Zu versteuerndes Einkommen ist generell nur in panamaischem Territorium erwirtschaftetes Einkommen. Es beinhaltet Einkommen aus unselbstständiger und selbstständiger Arbeit sowie industriellen Aktivitäten.

Generell wird Panama als Billigsteuerland angesehen. Sobald Sie z. B. eine Aufenthaltsgenehmigung als Rentner haben (egal, wie alt Sie sind), erhalten sie eine einmalige Steuerbefreiung für den Import von Haushaltsgütern (bis 10.000 $) und alle zwei Jahre eine Steuerbefreiung auf den Kauf oder Import eines Neuwagens sowie 25 % Preisnachlass in Hotels, Apotheken etc.

Im Detail möchte ich auf einige der existierenden Steuern jedoch nicht eingehen, da sie eigentlich nur Spezialfälle betreffen und für den Auswanderer nicht besonders ins Gewicht fallen.

Die wichtigsten Steuern sind:

1. Einkommensteuer
2. Mehrwertsteuer
3. Grundsteuer
4. Grundübertragungssteuer (ITBI)
5. Erbschaftssteuer
6. Steuer auf Mieteinnahmen
7. Marken

1. Einkommensteuer

Die persönliche Einkommensteuer (Persona Natural) in Panama basiert auf gleitenden Beitragssätzen, vom Minimalsatz von 7 % (bis zu den ersten 9.000 $ jährlich) bis zum Maximalsatz von 27 %.

Unabhängig von Ihrem Aufenthaltsstatus wird die Steuer nur auf in Panama erwirtschaftete Einkommen angewandt.

Steuerpflichtiges Einkommen sind Löhne und Gehälter, andere Gewinne aus Geschäften, Renten und Boni sowie Einkommen von Zahlungen aus Urheberrechten, Aktien etc.

Abzüge können für Spenden, Hypothekenrückzahlungen, medizinische Betreuung sowie Bildungsausgaben geltend gemacht werden.

Abgabefristen für die Steuererklärung:

Fristgerechte Einreichung der Steuererklärung ist ein Muss, wenn man Strafen vermeiden will.

Die Abgabetermine sind für natürliche Personen der 15. März und für juristische Personen der 31. März.

Das Gesetz sieht eine Erweiterung der Fristen für Steuerzahler vor, die diese Bedingungen nicht erfüllen können. Zwei Monate werden als Fristverlängerung gewährt – aber nur, wenn ein Antrag innerhalb der laufenden ersten Frist gestellt wird.

Als Strafe sind für natürliche Personen 100 $ pro Jahr, für juristische Personen 500 $ pro Jahr veranschlagt.

2. Mehrwertsteuer

Unter großen Protesten wurde 2010 entgegen den Versprechungen des Präsidenten die Mehrwertsteuer von 5 % auf 7 % angehoben.

3. Grundsteuer

Grundstücke mit eingetragenem Wert von weniger als 30.000 $ sind nicht steuerpflichtig. Für höherwertige Grundstücke gilt ein Steuersatz wie folgt:

> bis 350.000 $ 1,75 %,
> bis 375.000 $ 1,95 %,
> alles, was darüber liegt 2,1 %.

Bauen oder kaufen Sie ein neues Haus, müssen Sie für bis zu 20 Jahre keine Grundsteuer zahlen. Seit Panama 1994 das sogenannte „Gesetz 8" (ley ocho, Steuerbefreiung für Tourismusbranche) ratifizierte, haben viele der großen Hotelketten in Panama Einzug gehalten und nützen gebotene Vorteile aus. Als kleiner Mann an diesen teilzuhaben, wird einem jedoch nicht leicht gemacht. Versuchen Sie es trotzdem ... Es kann sich auszahlen.

4. Übertragungssteuer

Steuern auf Grundstücksverkäufe sind vom Verkäufer zu zahlen und betragen entweder 2 % vom aktuell registrierten Wert oder dem Verkaufspreis im Vertrag – je nachdem, was höher ausfällt.

Der registrierte aktuelle Wert ist der registrierte Wert plus 5 % jährlich für den Besitz. Werden Grundstücke von einer Firma gekauft, ist es üblich, die gesamten Geschäftsanteile (anstatt des Grundstücks alleine) zu verkaufen, um so keine Steuer zahlen zu müssen.

5. Erbschaftssteuer

Die Erbschaftssteuer wurde in Panama komplett abgeschafft. Schenkungssteuer wird auf Grundstücksschenkungen innerhalb von Panama erhoben und hängt vom Verwandtschaftsgrad zwischen Schenker und Beschenkten ab. Dies trifft nicht auf Grundstücke außerhalb Panamas zu.

6. Mietsteuer-Kapitalertragssteuer

Kapitalerträge müssen in der jährlichen Steuererklärung aufgeführt sein und werden individuell versteuert. Erhalten Sie Einkünfte aus Mieten, müssen Sie bis zu 27 % (bei mehr als 250.000 $ Einkünften) zahlen. Investieren Sie in eine von Panamas speziell designierten Touristenzonen, können Sie bis zu 15 Jahre Steuerfreiheit erlangen.

7. Marken

Offizielles Papier oder Stempel wurden in Panama abgeschafft. Um gültig zu sein, muss jedes offizielle Papier (z. B. ein Vertrag), das bei Notaren, Gerichten usw. vorgelegt wird, eine oder mehrere Marken haben. Diese sind käuflich zu erwerben.

Maßeinheiten

In Panama findet das metrische und das zöllige System gleichberechtigt Anwendung, was oft zu Verwirrung führen kann.

Streckenangaben sind meist in Kilometern angegeben, Flüssigkeitsmengen (wie z. B. auch bei Benzin) werden jedoch häufig in Gallonen angegeben. Hier eine kleine Tabelle als Umrechnungshilfe.

1 Meter = 3,28 Fuß
1 Fuß = 0,304 Meter
1 Quadratmeter = 10,76 Quadratfuß
1 Quadratfuß = 0,093 Quadratmeter
1 Acre = 0,405 Hektar
1 Hektar = 2,47 Acres
1 Manzana = 1,73 Acres
1 Acre = 4,049 Quadratmeter
1 Hektar = 10,000 Quadratmeter
Gallone = 3,87 Liter

Desgleichen werden Flüssig- und Trockenunzen verwendet, „cups" und „spoons" als Bemaßung beim Kochen sind typisch amerikanisch.

2. Kapitel:

AUSWANDERN UND ARBEITSSUCHE

Die Vorbereitung

Das Erste und Allerwichtigste: Waren Sie schon einmal hier? Wenn nicht, dann kommen Sie bitte und lernen Sie erst das Land kennen, bevor Sie sich zum Auswandern entscheiden!

Ist Panama wirklich das richtige Land für Sie? Aus dem in der Vorstellung nach Bananen duftenden Paradies kann für manchen schnell eine laute, heiße, fast unerträgliche Hölle werden! Glauben Sie keinen Reiseprospekten oder Erzählungen: Kommen Sie persönlich, schauen Sie sich um und überzeugen Sie sich selbst!

Alle Eindrücke sind immer subjektiv: Was für den einen toll ist, muss nicht unbedingt für Sie passen! Meist hört man ja auch von den vielen Erlebnissen und Eindrücken anderer Urlauber – aber sein Leben hier zu verbringen, ist etwas komplett anderes, als nur ein paar Wochen Urlaub zu machen und zu wissen, dass man bald wieder nach Hause fährt.

Unterschiede in der Kultur, mit denen man niemals gerechnet hätte, können einem das Leben hier erschweren. Eine große Portion Toleranz, Flexibilität und eine hohe Frustrationsschwelle können hier durchaus von großem Nutzen sein und sollten zur Grundausstattung des Auswanderungswilligen gehören.

Immer wird Ihre Auswanderung aus der alten Heimat ein riesiger Schritt für Sie und Ihre Familie werden – bedenken Sie ihn daher möglichst genau.

Folgende Fragen sollten Sie sich auf jeden Fall stellen und vielleicht auch schriftlich zusammen mit Ihren Mitauswanderern (soweit vorhanden) beantworten, um eine Vorabklärung zu gewährleisten:

- *Was ist Ihre Motivation?*
  Wenn Sie mit Ihrem Leben unzufrieden sind, keine Freunde haben und erfolglos sind, dann ist die Chance, dass es Ihnen hier genauso oder

noch schlechter ergeht, groß. Ein soziales Netz, das einen auffängt wie zuhause, gibt es hier definitiv nicht. Sie werden zum großen Teil auf sich allein gestellt sein.

- *Stellen sich bei einem Paar beide (oder auch die Kinder) dasselbe vor?*
- *Was erwarten Sie von Ihrem neuen Leben in den Tropen, welche Ziele, Ideen, Träume haben Sie?*
- *Sind Sie willens, die ersten Jahre alles zu geben, extrem hart zu arbeiten, auf Urlaube etc. zu verzichten, um sich eine neue Existenz aufzubauen?*
- *Wie wird die Rollenverteilung sein, wer wird sich um was kümmern?*
  Es ist unglaublich, wie schnell man bei aller Emanzipation in eine eher traditionelle Rollenverteilung zurückfallen kann. Die Umstände diktieren das Verhalten, freie Wahlmöglichkeiten sind begrenzt.
- *Ist ein Auswandern gesundheitlich überhaupt möglich?*
  Bei chronischer oder akuter Erkrankung, ob psychisch oder physisch, ist wohl eher abzuraten.
- *Was ist mit Familie und Freunden, was geschieht mit eventuellen Haustieren?*
  Meiner Meinung nach stellt einen diese Frage vor die meisten Probleme. Schließlich ist niemand wirklich ohne Familie und/oder Freunde. Soll man sein eigenes Leben leben und seine Ziele verwirklichen, auch wenn man dabei seine Wurzeln durchtrennt, seine Familie und Freunde „im Stich" lässt? Rücksichtnahme auf andere verstellt einem hier schnell die Möglichkeiten – eine schwierige Entscheidung. Ein Kompromiss ist fast nicht machbar, denn Panama liegt nicht mal eben um die Ecke und Sie werden definitiv nicht mehr einfach so verfügbar sein.
- *Haben Sie noch finanzielle oder anderweitige Verpflichtungen?*
  Finanzielle Verpflichtungen im Heimatland (Miete, Kredite, Handyverträge etc.) müssen um jeden Preis vermieden werden. Zumindest in der Anfangsphase Ihres Projektes oder Ihres Lebens in Panama dürfte es ohne ein festes Einkommen aus Ihrer Heimat (z. B. aus Mieteinnahmen)

fast unmöglich sein, diesen nachzukommen. Denken Sie daran, der Lohn ist hier viel niedriger als in Deutschland (siehe nächstes Kapitel) und Sie müssen mit dem zurzeit relativ schwachen Dollar harte Euros erwirtschaften. Dieses Dilemma schlägt sich übrigens auch oft bei Reisen in die alte Heimat nieder. Der Flug und das teure europäische Leben müssen hier erst einmal verdient werden, um Heimaturlaube möglich zu machen.

- *Für immer oder nur für einen beschränkten Zeitraum?*
Wenn Ihnen eine „Testzeit" möglich ist, dann versuchen Sie diese auch so einzurichten. Vermieten Sie unter, ohne die Wohnung aufzugeben. Nehmen Sie vielleicht sogar ein Sabbatical oder unbezahlten Urlaub, um nicht gleich den alten Job kündigen zu müssen. Wäre vielleicht auch ein Internetarbeitsplatz möglich? Das nimmt den Druck und gibt Ihnen ein Sicherheitsnetz. Wenn möglich, versuchen Sie, Brücken zu überqueren, aber nicht abzubrechen.

- *Haben Sie ein ausreichendes Finanzpolster für Ihre Vorhaben?*
Die finanziellen Grundvoraussetzungen sind das Wichtigste, um einen erfolgreichen Start zu gewährleisten. Budgetieren Sie mit Bedacht und halten Sie immer einen Notgroschen in der Hinterhand.

Jobsuche

Um eine Arbeitsbewilligung zu erhalten, braucht man viel Zeit, Geld und unter Umständen einen guten Anwalt.

Ohne Bewilligung ist es relativ schwierig (aber nicht unmöglich), eine gute Anstellung (vor allem eine gut bezahlte) zu finden, da die Arbeitskraft in Panama sehr billig ist (Mindestlohn US$ 200/Monat) und es eine große Zahl Arbeitssuchender gibt. Auch wird der nationale Arbeitsmarkt geschützt durch ein Gesetz, das besagt, dass nur 10 % Ausländer von einer Firma angestellt werden dürfen. Die Lösung: Wenn man seine Dienste als „Servicios Profesionales" anbietet, bezahlt man keine Sozialversicherung und ist nicht beim Arbeitsamt gemeldet. So kann man auch die Zeit bis zur Erlangung der vollständigen Papiere etc. überbrücken.

Arbeitsmarkt

Gute Job-Aussichten bietet der Tourismus-Bereich. Oft kann man eine Anstellung auch ohne offizielle Papiere mit Touristenstatus erlangen (hier sind vor allem Servicebereitschaft und Sprachkenntnisse von Vorteil). Dies ist jedoch nie vollkommen legal und sollte daher aufgrund mangelnder Sicherheit wohl eine Option für ungebundene Auswanderer bleiben. Vor allem, wenn Sie Familie haben, ist es empfehlenswert, eine offizielle Festanstellung mit Zahlung des *Seguro Social* zu erlangen – oder aber Ihr eigenes Geschäft aufzubauen. Der Aufbau eines eigenen Business wird nicht einfach werden, bietet Ihnen aber unzählige Variationen der Expansion und Selbstverwirklichung und ist, sofern Sie auch wirklich die Motivation dazu haben, absolut empfehlenswert.

In den meisten Branchen gibt es noch Kapazitäten oder Nischen, wie z. B. im Tourismus, Forstwirtschaft, (Bio-) Plantagen, Kinderbetreuung ... die Möglichkeiten sind schier unendlich (siehe auch Kapitel Existenzgründung).

Falls Sie wirklich auswandern wollen, versuchen Sie möglichst wenige oder keine „loose ends" zu haben. Jegliche Verpflichtung in der Heimat wird Sie ablenken, zeitaufwendig sein und wahrscheinlich hohe Kosten verursachen.

Zur Jobsuche online empfehlen sich diverse Auswandererforen in Panama sowie beispielsweise die Seiten:

http://www.encuentra24.com/
http://panama.es.craigslist.org/ (siehe Anhang)

Arbeitsrecht

Grundsätzlich muss hier als erstes erwähnt werden, dass das panamaische Arbeitsrecht mehr als arbeitnehmerfreundlich ist.

Als Arbeitgeber sollten Sie sich daher immer absichern!

Machen Sie sich im Falle der Auflösung eines Arbeitsverhältnisses bereit für ein langwieriges und unschönes Verfahren, bei dem die Chancen groß sind, dass Sie als Verlierer hervorgehen. Der Gang zum Arbeitsgericht ist fast ein Standardprozedere in Panama: Rechnen Sie mit hohem Zeitaufwand und finanzieller Belastung, wenn die Arbeitsverträge Ihrer Angestellten nicht „absolut wasserdicht" sind!

Verträge müssen immer vom *Ministerio de trabajo* geprüft werden, sonst können Sie sich schnell als wertlos entpuppen. Versuchen Sie von Anfang an, das *Ministerio* einzubinden – die beste und aktuellste Information zum Arbeitsrecht erhalten Sie auf jeden Fall dort.

Halten Sie sich an die Gesetze. Private Absprachen, Sonderzahlungen, Ausnahmen etc. sollten immer mit einem Fachmann besprochen werden. Stellen Sie Ihre Arbeiter immer offiziell an, Inspektionen sind häufig und können zu unangenehmen Konsequenzen führen.

Lassen Sie sich Zahlungen, Fehlzeiten etc. immer quittieren, Mahnungen und dergleichen sind nur in der Anwesenheit von Zeugen auszusprechen oder in schriftlicher, von beiden Seiten unterschriebener, Form gültig.

Als Angestellter in Panama

Generell gibt es in Panama eine sehr große Nachfrage nach gut ausgebildeten Arbeitskräften. Speziell Ingenieure (U-Bahn-Bau, Kanalerweiterung) und mehrsprachige Angestellte (Verkauf, Administration, Handel) sind gefragt. Das Angebot an Arbeitsplätzen ist weit größer, als es der panamaische Arbeitsmarkt stillen könnte.

2. Auswandern und Arbeitssuche

Für Ausländer gelten spezielle Regeln in Panama: So darf eine Firma nur 10 Prozent Ausländer einstellen – es sei denn, sie kann nachweisen, dass spezielles Fachwissen gebraucht wird oder ausgebildete Kräfte national nicht vorhanden sind. Kleinfirmen unter 10 Angestellten dürfen maximal einen Ausländer beschäftigen.

Leider werden Sie nur mit einem panamaischen Gehalt rechnen können, wenn Sie hier angestellt werden – es sei denn Ihre Firma entsendet Sie mit Ihren deutschen Bezügen nach Panama.

Auch als sehr gut ausgebildeter Fachmann sollten Sie nicht mehr als ca. 1000–1500 USD pro Monat erwarten.

Selbstständigkeit ist definitiv erstrebenswert.

Achten Sie auf einen korrekten Arbeitsvertrag (eine Ausführung für Sie, eine für den Arbeitgeber und eine für das *Ministerio de trabajo*).

Als Angestellter haben Sie in Panama das Recht auf einen Monat bezahlten Urlaub (entweder am Stück oder auf gleiche Teile) und ein 13. Monatsgehalt, den sogenannten „Decimo tercer mes", eine Teilzahlung von einem Viertel des Gehalts zu jedem dritten Monat des Jahres.

Spanisch lernen

Sie werden nicht daran vorbeikommen, sich zumindest ein Grundwissen im Spanischen anzueignen, wenn Sie sich integrieren wollen und Erfolge verbuchen möchten. Besuchen Sie bereits in der Heimat Sprachkurse und bereiten Sie sich so gut wie möglich auf die Umstellung vor.

Sind Sie schon in Panama, werden im „Centro Cultural Aleman" auf Kundenbedürfnisse zugeschnittene Spanischkurse angeboten. Die Schulunterlagen sind in Deutsch (Langenscheidt), die Kurse können aber auch von nicht-deutschsprachigen Interessenten besucht werden. Die Schule befindet sich in der UDI, Universidad del Istmo, Justo Arosemena im Quartier Bella Vista. Sie wird von einem Deutschen und einer

Schweizerin geführt, die schon mehrere Jahre in Panama wohnen. Weitere Informationen gibt es z. B. unter www.spanischinpanama.com.

Auch in allen anderen größeren Städten gibt es Sprachschulen. Zudem sind Privatlehrer teilweise (je nach Qualifikation) günstig verfügbar. Oft findet sich auch ein netter Nachbar, mit dem man sich ab und an zusammensetzt und sich so in die neue Sprache einfindet. Auf jeden Fall sollten Sie jede Gelegenheit nutzen, um mit den Einheimischen zu kommunizieren und so Ihr Spanisch zu verbessern. Die Devise lautet: Lieber mit Fehlern und verbesserungswürdiger Aussprache mit anderen geredet als gar nichts gesagt!

Basiswissen ist immer sehr vorteilhaft. Versuchen Sie daher bereits in Deutschland, sich so gut wie möglich vorzubereiten: Hören Sie spanische Musik, gewöhnen Sie Ihr Ohr an Rhythmus, Sprachmelodie und Betonungen!

Auswandern mit Familie

Kindergarten

Kindergärten sind in Panama nicht üblich, da das vorherrschende Familienbild noch die Großfamilie mit mehreren unter einem Dach lebenden Generationen beinhaltet. So übernehmen Großeltern oder andere Verwandte die Betreuung der kleinen Kinder und in panamaischen Mittel- und Oberklassefamilien hat durchgängig fast jeder Haushalt seine „live-in" Nanny (Bezahlung ca. $ 200 pro Monat).

Im Normalfall beginnt in Panama eine Schulkarriere in der Vorschule oder auch direkt in der Grundschule. Falls Sie es sich vom Finanziellen und Räumlichen her leisten können, sind auch Au-pairs eine Überlegung wert. Sie können helfen, Ihr Kind (auch mehrsprachig) zu erziehen, und Ihnen im Alltag eine Menge Arbeit abnehmen.

Schulen

Geringe Analphabetenraten lassen darauf schließen, dass in Panama ein ausreichendes öffentliches Pflichtschulsystem existiert. Über die Qualität im Vergleich zu internationalen Standards lässt sich jedoch diskutieren. Insgesamt bekommt man den Eindruck, dass auch gut ausgebildete Arbeitskräfte wie Akademiker in Bezug auf das Bildungsniveau vergleichsweise schlechter wegkommen, als man es aus Europa gewöhnt ist.

Grundsätzlich kann man sagen, dass eine Basisschulbildung für jeden verfügbar ist, fast jedes Dorf besitzt eine eigene Schule (zumindest die Grundstufen), mehrere kleine Orte teilen sich auf eine möglichst nahegelegene Schule auf. Höhere und weiterführende Schulen sind jedoch nur in größeren Orten anzutreffen. Das Schuljahr wird von langen Sommerferien (ca. 20. Dezember bis Mitte März), Faschingsferien (nur zwei Tage), Ostern und Pfingsten geprägt. In öffentlichen Schulen geht ein Großteil der Unterrichtszeit in den zwei Monaten vor den Nationalfeiertagen im November mit endlosen Trommel-, Tanz- und Marschierübungen für die Marching Bands vorüber.

Jede auch noch so kleine Schule hat ihre Marching Band (ein sehr amerikanischer Brauch), der nationale Wettbewerb der Schulen kann ihnen höchsten Ruhm einbringen. Deshalb wird auch sehr viel Zeit darin investiert, die vielleicht auch besser zu nutzen wäre (siehe auch Land und Leute).

Je weiter man von der Hauptstadt entfernt lebt, desto mehr reduziert sich die Auswahl und oft auch die Qualität der Bildungsinstitute. Privatschulen (leider gibt es in Panama City noch keine deutschsprachige) können teuer sein, bieten jedoch deutlich höhere Standards als öffentliche Schulen.

Als Alternative für deutsche Auswanderer, die nicht in der Stadt leben wollen, bietet sich somit auch „home schooling" an. Eine sehr große Auswahl an verschiedensten Lehrmitteln, Betreuungsarten etc. findet sich im Internet. Die Angebote sind meist jedoch auf Englisch (aus den Vereinigten Staaten), da „home schooling" in Deutschland sehr selten zu finden ist.

Auch hier ist von günstigen Beiträgen bis zu wirklich happigen Aufwendungen alles zu finden. Grundsätzlich sollten Sie nicht an der Bildung Ihrer Kinder sparen – verlassen Sie sich aber auch nicht auf den Staat!

Meiner Meinung nach kann man bei seinen Kindern, vor allem als im Ausland Lebender, gar nicht zu viel Wert auf das Erlernen von Fremdsprachen legen. Warum deshalb nicht auf Englisch unterrichten? Vielleicht bietet sich hier auch die eine oder andere Gelegenheit für Eltern, ihr Englisch wieder aufzupolieren. Mit unserer Tochter hatten wir sehr gute Erfahrungen in diesem Bereich. Zuhause sprachen wir nur Deutsch mit ihr, Spanisch lernte sie bei unseren Angestellten und dem Kindermädchen, Englisch wurde ihr durch unser englischsprachiges Au-pair, unsere Gäste oder amerikanischen Mitarbeiter nähergebracht. In nächster Zukunft planen wir, eine Microschule mit freiwilligen Helfern und Lehrern aufzubauen, um eine intensive und personalisierte Bildung für unsere Kinder und einige Kinder aus der Umgebung zu ermöglichen.

Studium

Studiengänge sind im Regelfall eher kurz (ca. 3 Jahre) und meist kostenpflichtig. Fernuniversitäten bieten dieselben Abschlüsse wie auch traditionelle Institute an.

Als Gaststudent oder auch als offizieller Student lässt sich relativ leicht ein Visum erhalten, das Studium muss hierfür jedoch auch wirklich absolviert werden.

Die Anerkennung eines panamaischen Berufs- oder Studienabschlusses in Deutschland ist zweifelhaft, klären Sie auch die Gültigkeit eventuell in Panama erhaltener Scheine für Ihr Studium in Deutschland. Ein Auslandssemester in Panama ist sehr empfehlenswert und wird Sie, wenn schon nicht unbedingt perfekt weitergebildet, jedoch reifer und sehr viel reicher an Lebenserfahrung zurückkehren lassen.

Haustiere

Falls Sie sich nicht von Ihren Haustieren trennen wollen und/oder können, dann überlegen Sie sich Ihre Entscheidung auszuwandern sehr genau.

Nichts ist unmöglich hier in Panama ... der erforderliche zeitliche und finanzielle Aufwand, um Ihren vierbeinigen Liebling ins Land zu bringen, kann aber beträchtlich sein.

Stellen Sie sich folgende Fragen:

- *Wird mein Tier mit den vorherrschenden Klimabedingungen zurechtkommen?*
- *Wird es die Umstellung verkraften?*

Auf jeden Fall muss das Tier eine Quarantäne (4 Wochen) über sich ergehen lassen, die aber im Normalfall auch im eigenen Haus durchgeführt werden kann.

Bitte fragen Sie mich jetzt nicht, wer das wie kontrollieren soll, die Regelung jedoch existiert und kann helfen, Ihrem Tier das Trauma zu ersparen, weit weg von seinem Herrchen eine Zeit in Quarantäne zu verbringen.

Sie brauchen auf jeden Fall eine aktuelle Dokumentation über den Gesundheitszustand des Tieres, erhaltene Impfungen etc.

Nicht beantragte oder falsch ausgefüllte Papiere können hier zu erheblichen Verzögerungen und auch Geldstrafen führen, die sicher nicht in Ihrem Interesse und dem Ihres Tieres liegen.

Notwendige und nützliche Unterlagen zum Auswandern

- polizeiliches Führungszeugnis
- ein Brief Ihrer Bank mit Kontonummer, Ihrem Namen und, als Referenz, seit wann das Konto bei der Bank existiert (am besten auch von mehreren Banken)

- die letzen Kontoauszüge
- Zeugnis des letzten Arbeitgebers, mit Information über Art und Dauer Ihrer Beschäftigung
- der letzte Rentenbescheid

Alles sollte ausreichend früh, aber auch nicht zu früh organisiert werden, damit Briefe, Zeugnisse und Bescheinigungen nicht zu alt sind.

Nötige Übersetzungen können in Panama günstiger als in Deutschland angefertigt werden.

Um hier z. B. ein Bankkonto zu eröffnen, braucht man alle oben genannten Papiere.

Falls Sie jemandem daheim eine Generalvollmacht ausstellen wollen, der im Notfall wichtige Behördengänge, Bankangelegenheiten etc. für Sie erledigen kann, sollte diese auf jeden Fall notariell beglaubigt sein, weil sie sonst nicht anerkannt wird. Generalvollmachten sollten mit Vorsicht behandelt werden und wirklich nur an eine 100 % zuverlässige und vertrauenswürdige Person ausgestellt werden.

Um Probleme bei der Ausreise aus Europa oder den Staaten zu vermeiden, sollten Sie immer ein Hin- und Rückflugticket haben, auch wenn Sie den Rückflug dann verfallen lassen. One-way-Tickets sind normalerweise auch nicht viel günstiger, so ist der finanzielle Verlust klein, Sie sind aber bei den Aus- und Einreisebestimmungen auf der sicheren Seite.

3. Kapitel:
LAND UND LEUTE

Wer in Panama leben will, muss darauf gefasst sein, sich an eine Kultur gewöhnen und anpassen zu müssen, die auf den ersten Blick gar nicht so unterschiedlich zur westlichen oder europäischen erscheint. Auf den zweiten und dritten Blick (meist braucht man wirklich ein paar Wochen, um Nuancen festzustellen) stellt sich aber dann doch ein gravierender Unterschied in manchen kulturellen Werten und Eigenschaften heraus.

Objektiv und ohne Vorurteile soll hier auf einige kulturelle Unterschiede eingegangen werden, die manchen befremden könnten.

Versuchen Sie immer, so offen wie möglich im Umgang mit Ihren Mitmenschen in Panama zu sein, seien Sie aber auch andererseits nicht zu vertrauensselig, um sich Enttäuschungen und schlechte Erfahrungen zu ersparen.

Bitte halten Sie jedoch im Hinterkopf, dass es grundsätzlich schwierig ist, zu generalisieren – was auf die Mehrheit der Menschen zutrifft, muss nicht unbedingt auch auf konkrete Einzelpersonen anwendbar sein.

Beurteilen Sie jedes Mal neu und versuchen Sie nicht, in Schubladendenken abzugleiten.

Ganz sicher ist die Mehrheit der Panamaer, die Sie kennenlernen werden, freundlich und hilfsbereit und wird Sie (wenn auch nach anfänglichem kurzen Zögern und Beschnuppern) gerne in ihre Gesellschaft aufnehmen.

Ungern möchte ich in diesem Kapitel generalisieren und pauschale Aussagen über ein ganzes Volk treffen.

Sie werden jedoch sicher im Laufe Ihres Aufenthaltes im Land einige Unterschiede zwischen der von Ihnen gewohnten und der hier üblichen Lebensweise und Kultur feststellen. Anders heißt nicht schlechter – mit

Sicherheit jedoch werden Sie einige Aspekte des Lebens in Panama eine gewisse Eingewöhnungszeit kosten.

Arbeitsmoral

In Panama ist es durchschnittlich schwerer als in Europa, motivierte, zuverlässige und vertrauenswürdige Angestellte zu finden. „Mañana, si dios quiere" (Morgen, so Gott will) sind die Schlagwörter, an die Sie sich am besten schon mal gewöhnen.

Der Montag zum Beispiel ist der traditionelle Tag, um von der Arbeit fernzubleiben. Aber klar ... wenn am Sonntag gefeiert wird, fällt es einem nicht leicht, am nächsten Morgen aufzustehen. Drei Montage hintereinander Fehlen ist ein Kündigungsgrund!

Haben Sie zuverlässige Arbeiter, Hausangestellte oder andere Angestellte gefunden – lassen Sie sie nicht mehr ziehen!

Ersatz zu finden ist niemals leicht und Vertrauen baut sich nicht über Nacht auf. Kalkulieren Sie also stetige Lohnerhöhungen und Prämien für Ihre Angestellten ein, wenn Sie zufrieden sind und Sie sie halten wollen. Ein Monat Urlaub ist in Panama gesetzlicher Anspruch für Vollzeitbeschäftigte.

Das Arbeitsrecht allein würde ein komplettes Buch füllen, deshalb soll an dieser Stelle auch nicht genauer darauf eingegangen werden. Beraten Sie sich mit Ihrem Rechtsanwalt oder dem *Ministerio de trabajo* (Arbeitsministerium), falls es Fragen zu Kündigung, Abfindungen etc. zu klären gibt.

Soziale Strukturen

Der durchschnittliche Panamaer lebt mit seiner Familie, die teilweise bis zu vier Generationen umfassen kann, zusammen. Die Menschen sind extrem kinderfreundlich, das niedrige Durchschnittsalter der Bevölkerung ist überall auffällig. Für junge Menschen ist es, vor allem in ländlichen Gegenden, nicht unüblich, mit 13–15 Jahren das erste Kind zu bekommen. Deshalb wundern Sie sich nicht über komische Blicke, wenn Sie als junges Pärchen ohne Kinder in Panama ankommen.

Oft wird die erste Frage sein: Und eure Kinder? Dass man sich in Europa erst auf Karriere etc. konzentriert und erst sehr viel später (im Durchschnitt) Kinder bekommt, ist in Panama sehr ungewöhnlich.

Die meisten jüngeren Familien geben sich mit ein bis drei Kindern zufrieden, eine Generation früher jedoch ist es durchaus nicht unüblich, mit über zehn Geschwistern aufgewachsen zu sein.

Lebenshaltungskosten

Grundsätzlich ist es schwierig, verallgemeinernde Aussagen über die Lebenshaltungskosten in Panama zu machen.

Falls Sie Preise vergleichen und Ihnen das, was Sie sehen, sehr günstig erscheint, dann denken Sie bitte daran, dass das Geld hier schwerer verdient wird als in Deutschland oder Europa.

So erscheint der Liter Benzin für unter $1 recht günstig. Sieht man diesen Preis jedoch in der Relation mit einem durchschnittlichen Gehalt oder dem Mindestlohn, sieht die Sache schon wieder ganz anders aus.

Rechnen Sie: Auch wenn der Liter Benzin in Europa zwei Euro kostet, wie viel pro Stunde müssen Sie dafür arbeiten? 10 Minuten? Bei einem Mindestlohn von 93 Cent in ländlichen Gebieten müssen Sie (oder der durchschnittlich angestellte Panamaer) fast eine Stunde arbeiten, um sich einen Liter Benzin leisten zu können.

Je nach Ansprüchen können Sie hier aber für den Bruchteil des benötigten Geldes von zuhause leben. Wollen Sie sich jedoch etwas Luxus (z. B. Auto, Klimaanlage, Einkaufen etc.) leisten, sollten Sie nicht zu knapp kalkulieren, um Ihr Budget nicht zu sehr zu beanspruchen. Miete, Stromrechnung, Autoreparaturen summieren sich schnell und dann werden die für ein einfaches Leben veranschlagten $ 500–$ 700 pro Person, von denen man oft in Internetforen liest, schnell knapp.

Je mehr Sie sich in Ihrem Lebensstil an die Einheimischen angleichen, desto günstiger kann man natürlich leben. Will man jedoch auswandern, nur um zu überleben … oder will man sich auch mal etwas gönnen? Dieser Fragestellung muss unbedingt Rechnung getragen werden – vor allem, wenn Sie mit Familie auswandern.

Liebe/Sex

In Panama muss man sicher nicht alleine sein oder bleiben!

Jedes Töpfchen findet sein Deckelchen und so werden auch Sie, wenn Sie das möchten und falls Sie als Single ankommen, sicher bald einen Partner finden. Flirten und sich kennenlernen läuft sehr viel unverkrampfter als in Europa, insgesamt wird eher weniger subtil als offensiv geflirtet.

Als Frau werden Sie sich wahrscheinlich vor Pfiffen und Blicken nicht mehr retten können, meist jedoch halten sich die Panamaer zurück, Sie anzusprechen, wenn man nicht direktes Interesse zeigt. Auch Männer werden einige Male erleben, dass sich eine Frau nach ihnen umdreht. Haben Sie Interesse, dann zögern Sie nicht und sprechen Sie die Dame an, wenn sie Ihnen gefällt. Als Thema ist oft schon die Herkunft ausreichend!

Sex wird relativ unverkrampft behandelt und kann fast als Nationalsport betrachtet werden. Denken Sie jedoch immer an die selbstverständlichen Sicherheitsmaßnahmen und schützen Sie sich und andere.

Schönheitswettbewerbe

Schönheitswettbewerbe sind in Lateinamerika sehr beliebt. Oft treffen sich die nicht mehr ganz natürlichen Schönheiten, um ihr Aussehen zur Schau zu stellen und ihre Hülle (ohne Hüllen) zu präsentieren.

In einer immer noch relativ männerdominierten Welt (*machismo*) sind Aussehen und Eleganz alles, Bildung und Kultur kann man – so die landläufige Meinung – bei einer Frau auch mal getrost hintanstellen.

Es ist üblich, dass größere Firmen, Schulen oder sogar ein Frauengefängnis eine Schönheitskönigin küren.

Marching Bands

Wieder einmal sehr amerikanisch: Jede Schule hat ihre eigene „Marching Band" – Monate vor den Umzügen an den Nationalfeiertagen wird in der Schule nur noch getanzt und getrommelt, marschiert und paradiert.

Die besten Bands marschieren in nationalen Wettbewerben und sind der Stolz ihrer Schule, auch wenn die Bildung manchmal darunter leiden muss.

Drive ins

Auch sehr amerikanisch: In Panama kann alles, was man sich vorstellen kann, ein „drive through" haben: Ob „Drive through"-Briefkästen oder Bankautomaten … Hauptsache, der Panamaer muss nicht das klimatisierte Auto verlassen und sich in die sengende Hitze oder den tropischen Platzregen begeben.

Nationalstolz

Nationalstolz ist in Panama erwünscht und wird von den Institutionen wie Schulen etc. sehr gefördert.

Leider äußert sich übertriebener Nationalstolz oft in Fremdenfeindlichkeit und dem Herabsehen auf andere Länder, Kulturen oder Bevölkerungsgruppen. Seien Sie nicht überrascht, wenn Ihnen, falls Sie einmal größere Probleme mit einem Panamaer haben, rechtsextreme Parolen wie „Das ist mein Land und du hast kein Recht, hier zu sein" an den Kopf geworfen werden.

In Panama wird zum Beispiel oft auch generell auf Kolumbianer herabgesehen. So fallen in diesem Kontext oft Worte wie „Prostituierte" und „Drogenschmuggler".

Auch Eingeborene (Indianer) werden oft herablassend behandelt und gelten manchmal als Menschen zweiter Klasse.

Die Hautfarbe ist oft Thema in Panama – je weißer, desto gesellschaftlich höher wird man eingestuft. Wer braun gebrannt und wettergegerbt ist, outet sich als jemand, der sich mit körperlicher Arbeit am Leben erhalten muss.

Durchschnittsalter

Das Durchschnittsalter ist im Gegensatz zu dem der Deutschen schier unglaublich jung, 23 Jahre. Das heißt, dass ein Großteil der Bevölkerung sehr jung ist und Kinder, Jugendliche und junge Erwachsene das Gesellschaftsbild beherrschen. Auch ist es keine Einbildung, dass man viele Schwangere sieht – die Bevölkerung wächst stetig.

Als wir vor einigen Jahren hier ankamen (mit ca. 30 Jahren), wurden wir sehr oft gefragt, wo denn unsere Kinder seien. Und auf unsere Antwort hin, dass wir keine hätten, herrschte großer Unglaube. Vor allem in ländlichen Regionen ist es durchaus üblich, mit 13–15 Jahren das erste Kind zu bekommen, in unserem Alter hätten wir also auch schon Großeltern sein können.

Lärm und Farben

Vielleicht ist es teilweise auf das junge Durchschnittsalter zurückzuführen, ein Hauptgrund liegt aber wohl einfach in den unterschiedlichen kulturellen Wurzeln: Die Panamaer (wie auch viele andere, wenn nicht sogar alle lateinamerikanischen Völker) kennen keine Lärmbelästigung.

Musik kann nicht zu laut und von zu schlechter Qualität sein, Farben können nicht zu grell und wild kombiniert werden.

Hupen beim Autofahren ist ein Muss, laute Autos, noch lautere Busse (siehe auch „Verkehr" weiter hinten) – all das gehört hier zum Straßenbild. So hat zum Beispiel in vielen Einkaufsmeilen jeder kleine Laden seinen eigenen gigantischen Boxenturm, aus dem die Rhythmen vor der Tür plärren. Mit diesem versucht man Kaufwillige anzulocken, meist in Kombination mit einem jungen Herrn, der entweder klatschend und laut schreiend oder verstärkt per Mikrofon seine Angebote anpreist.

Dies multipliziert mit der Anzahl der Läden und kombiniert mit einer vielbefahrenen Straße lässt so manchen Europäer schnell an die Kopfwehgrenze oder darüber hinaus gelangen.

Ich bin immer wieder froh, aus dem geschäftigen Treiben der Städte in die Oase unserer ländlichen Umgebung zu kommen, aber auch hier muss man sich leider entscheiden: Nähe zu Infrastruktur und kulturellem Angebot ist in Panama fast immer mit einem gewissen Lärmpegel verbunden.

Dies sollte auch ein wichtiger Aspekt beim Grundstückskauf sein. Werden Sie mit der Lautstärke der Nachbarn zurecht kommen? Beschwerden oder sogar eventuelle Klagen werden nur auf Verständnislosigkeit treffen.

Beachten Sie bitte auch, dass es verschiedene Arten von Lärm gibt. Auch die Natur hat einiges zu bieten, um Sie vom Schlafen abzuhalten. Meeresrauschen, trommelnder Regen auf dem Dach (deshalb immer gut isolieren), Zikaden, Hähne, Hundegebell – die Geräuschkulisse ist in den Tropen auch ohne menschliches Zutun nicht zu verachten.

Etikette/Respekt

In Panama ist es üblich, sich mit der dritten Person Singular anzureden, geduzt wird eigentlich nur unter guten Freunden. Auch Kinder sprechen ihre Eltern oft mit „usted" an.

Der Respekt den Mitmenschen gegenüber zeigt sich auch in ihrer Kleidung. Selbst der ärmste Panamaer, der etwas auf sich hält, versucht korrekt gekleidet oder mit zumindest sauberer Kleidung in der Öffentlichkeit gesehen zu werden. In Panama wird sehr viel Wert auf die äußere Erscheinung gelegt!

Schmutzige oder unangebrachte Kleidung (wie z. B. Sandalen und kurze Hosen in Ämtern oder Büros) sollte vermieden werden, vor allem wenn Sie etwas von den dort Beschäftigten wollen. Wenn Sie sich nicht gleich als Tourist outen wollen, sollten Sie in der Stadt zumindest eine lange Hose, geschlossene Schuhe und ein sauberes Hemd oder T-Shirt tragen – ansonsten kann es passieren, dass Ihnen der Zutritt zur Behörde oder in das Museum oder die Bar, die Sie gerade betreten wollen, versagt wird.

Wenn Sie etwas erreichen wollen im Umgang mit offiziellen Personen, Angestellten eines Ladens oder im geschäftlichen Leben, ist es essentiell, höflich zu sein und sich etwaige Frustrationen nicht anmerken zu lassen.

Brauchen Sie etwas (in Interaktion mit Angestellten in einem Laden), hilft es definitiv nicht, aufgebracht zu werden, wenn etwas nicht nach Ihren Vorstellungen ablief oder gehandhabt wird. Bleiben Sie höflich und bestimmt, lassen Sie sich nicht abwimmeln und nicht auf morgen vertrösten. Wiederholen

Sie zur Not Ihr Anliegen viele Male, fragen Sie nach Alternativen, vielleicht nach einem anderen Kollegen oder Vorgesetzten, aber geben Sie nicht auf. Wie durch ein Wunder lassen sich viele Dinge nach einer halben Stunde intensiver Kommunikation nun doch schon heute, sogar gleich und nicht erst „mañana" oder nächste Woche erledigen.

Im Umgang mit offiziellen Personen ist dies noch wichtiger. Wenn Sie abhängig sind von einer Inspektion durch irgendeine Autorität (das passiert Ihnen spätestens, wenn sie bauen), bleiben Sie freundlich und locker, selbst wenn Sie innerlich schon längst aus der Haut gefahren sind.

Wer anfängt, sich daneben zu benehmen, zu schreien oder zu fluchen, hat von vornherein schlechte Karten und schafft sich nur noch mehr Probleme. Auch mit zusammengebissenen Zähnen kann man immer noch gut lächeln.

Geraten Sie z. B. in eine Polizeikontrolle, seien Sie kooperativ. Entschuldigen Sie sich, auch wenn Sie nicht denken, etwas falsch gemacht zu haben, seien Sie freundlich! Die Chancen, ohne Ticket aus der Situation zu entkommen, steigern sich gewaltig, wenn sie kooperativ und freundlich bleiben, ohne unterwürfig zu sein.

Bedenken Sie, dass einige Dinge, die für Sie vielleicht selbstverständlich sein können, wie z. B. Alkoholkonsum in der Öffentlichkeit, hier teilweise sogar verboten sind.

Manchmal lassen sich gewisse Situationen leider – oder auch zum Glück – je nach Standpunkt anders lösen.

Schmiergeld

In der lateinamerikanischen Welt scheinen Korruption und Vetternwirtschaft ein fester Bestandteil des Geschäfts- und Alltagslebens zu sein, gewiss jedoch in einem weitaus größeren Maße, als es jeder Europäer gewohnt ist.

Dies ist ein sehr empfindliches Thema und ich möchte Sie auf keinen Fall bestärken zu schmieren, wo es nur geht! Das kann, gerät man an den Falschen, in zweierlei Hinsicht durchaus gefährlich sein: Fangen Sie einmal mit Sonderzahlungen und kleinen Gefälligkeiten an und es hat gut für Sie funktioniert, z. B. im Umgang mit Autoritäten, besteht immer die Chance, dass Sie entweder an jemand Unbestechlichen geraten oder aber Ihr Name als leichte Geldquelle weite Kreise zieht und Sie bald gar nichts mehr erreichen, ohne ein paar Scheine zusätzlich hinzublättern!

Grundsätzlich sollten Sie niemals Geld in bestimmten Situationen erwähnen, fragen Sie dezent nach anderen Lösungswegen. Im Normalfall kann man erkennen, ob der Polizist, der einen gestoppt hat, willig ist, etwas anzunehmen. Zögert er beim Ticketschreiben und wiederholt oft, wie teuer das wäre und dass er doch jetzt eigentlich wirklich sollte …? Druckst er herum und sagt „eigentlich müsste ich Sie mitnehmen"? Wenn Sie die Zeichen richtig deuten, kann ein dezent platzierter Geldschein (nicht zu groß und nicht zu klein) Wunder wirken. Aber bitte, versuchen Sie der Korruption nicht weiteren Vorschub zu leisten. Verhalten Sie sich lieber korrekt, als später zu schmieren, sehen Sie eine Zahlung wirklich nur als letzten Ausweg an und denken Sie daran: Schmiergeldzahlungen sind illegal und können mit Gefängnis für den Zahler und Empfänger geahndet werden.

Umweltschutz

Umweltschutz wird in Panama noch sehr klein geschrieben. Da das Land relativ dünn besiedelt ist und auch bis vor wenigen Jahren Umverpackungen, die aus Kunststoff sind, nicht bekannt waren, wird alles, egal ob Batterie oder Papierschnipsel, einfach aus dem Fenster des fahrenden Busses, in ein Loch, in den nächsten Fluss oder einfach auch nur hinters Haus geschüttet. Ist die Straße vor Ihrem Haus staubig, warum nicht einfach ein paar hundert Liter Altöl drauf, um den Staub zu binden? Lachen Sie nicht, das ist absolut übliche Praxis in Panama.

Umweltschutz ist ein Thema, das sich erst langsam in den Köpfen der Panamaer festsetzen muss. Schulen und andere Institutionen hinken mit Aufklärungsarbeit und Bewusstmachung der Probleme weit den aktuellen Bedürfnissen hinterher.

Wenn Sie hier wohnen, unternehmen Sie bitte alles Ihnen Mögliche, um die Flora und Fauna zu schützen, und gehen Sie immer mit gutem Beispiel voran. Pflanzen Sie, wo andere Bäume fällen, lesen Sie Müll auf, wo andere ihn einfach wegwerfen.

Zuverlässigkeit

Im Umgang mit Angestellten und Mitarbeitern, Lieferanten und anderen Dienstleistern, aber auch Freunden wird Ihnen sicherlich bald auffallen, dass ein „ja, ich komme" oft nur ein eingeschränktes „ja" ist. Zumeist wird eine verbindliche Terminabsprache (auch wenn es nur etwas später am gleichen Tag ist) mit einem „si dios quiere" oder „si no me muero" („so Gott will" oder „falls ich nicht sterbe") relativiert. Dies sind durchaus ernstzunehmende Floskeln und zeigen die panamaische Mentalität deutlich auf. Es wird nicht zu lang in die Zukunft geplant ... man kann ja nie wissen, was morgen geschieht. Aus dieser Einstellung heraus lässt sich auch ableiten, warum es teilweise sehr schwierig sein kann, zuverlässige und pünktliche Arbeiter zu bekommen. Worin liegt der Sinn, Geld zu verdienen und zu sparen, wenn man nicht weiß, ob es ein Morgen gibt!? Für heute habe ich genug verdient, um Essen zu kaufen, dann kann ich es ja auch gut sein lassen. Was auf den Europäer orientierungs- und motivationslos wirken kann, ist hier einfach die normale Einstellung.

Sobald Sie Angestellte haben oder bauen, werden viele Probleme in dieser Hinsicht auf Sie zukommen. Denken Sie an den anderen kulturellen Hintergrund und vielleicht schaffen Sie es ja, dass die Kulturen voneinander lernen. Wo der Europäer zu verkrampft und zu vorausplanend ist, ist der Panamaer vielleicht zu locker und zu visionslos. Vielleicht kann man sich ja in der Mitte treffen?

Neid

Aus der obengenannten Visionslosigkeit entwickelt sich leider häufig ein starkes Gefühl des Neides.

Obwohl ihnen viele Möglichkeiten offenstehen (vor allem in touristischen Gegenden), ist es den meisten Panamaern ausreichend, ihre Tage vor dem Haus sitzend und nichtstuend zu verbringen. Aus dieser Situation heraus entstehen oft ohne Provokation Neid und Missgunst, die sich sogar in Hass entladen können.

Wie oft wird gesagt, dass die Gringos (Nordamerikaner oder Ausländer im Allgemeinen) oder Chinos (Chinesen) kommen, Land stehlen und die ganzen Geschäfte an sich reißen? Die Situation erinnert ein bisschen an Deutschland in der näheren Vergangenheit, nur dass es daheim um den Vorwurf geht und ging, dass den Deutschen die Arbeitsplätze weggenommen wurden.

Dass ein direkter Zusammenhang zwischen aufgewendeter Energie und späterem Verdienst besteht, scheint sich der Mehrheit der Bevölkerung hier nicht zu erschließen. Nicht umsonst gehören gefühlte 99 % der Supermärkte den Chinesen. Egal, ob Feiertag oder späte Stunde: Sie stehen immer in ihren Läden und machen Geld, was ihnen leider nicht unbedingt immer Freunde macht. Und nach meiner Erfahrung hat hier noch (fast) kein Ausländer Land gestohlen (im Gegensatz zu einigen Einheimischen, vor allem Rechtsanwälten aus der großen Stadt).

Zu einem Grundstücksdeal gehören immer ein Verkäufer und ein Käufer. Wenn sich der Verkäufer nach wenigen Jahren darüber ärgert, sein Land zu billig verkauft zu haben, lässt er meist außer Acht, dass sich der Wert des Landes nur durch Investition und Hingabe vervielfacht hat und nicht durch stetiges Nichtstun.

Sobald Neid im Spiel ist, kommt häufig auch der Nationalismus ans Tageslicht (siehe weiter vorne). Wo Argumente nicht mehr helfen, wird schnell mal zum Rundumschlag ausgeholt: „Das ist nicht dein Land hier, sondern meins, und du wirst schon sehen, was passiert, wenn sie dich zurückschicken." Das ist traurig, aber Sie sind hier ein Ausländer und werden immer einer sein.

Privatsphäre

Etwas wie Privatsphäre gibt es im Leben eines Panamaers eigentlich nicht. Dadurch, dass Häuser mit vielen Personen geteilt werden, ist Nähe hier etwas absolut Normales. Nichts ist vor den Augen der anderen verborgen. Sie werden überrascht sein, wie viel Ihr Umfeld innerhalb von kürzester Zeit über Ihr Leben weiß.

Auch sind beispielsweise Verkäufer in den Läden mehr als gewöhnungsbedürftig. Wir hatten schon viele Beschwerden, dass „man nicht mal in Ruhe shoppen kann, weil einem ein Angestellter des Ladens wie ein zweiter Schatten an der Ferse heftet". Die Verkäufer handeln nur auf Anweisung, so ist es traditionell. Gewöhnen Sie sich daran und genießen Sie den Luxus, sich bringen zu lassen, was Sie gerne haben möchten.

Küche

Die panamesische Küche ist ähnlich der kolumbianischen. Es wird Rind- und Schweinefleisch gegessen, viel Huhn und Fisch. Normalerweise gibt es zu jedem Gericht Reis und ein Hülsengemüse, d. h. Bohnen oder Linsen, auch Yucca (ähnlich wie Kartoffeln, nur ein bisschen faseriger) und Platanos (Kochbananen) sind sehr beliebt. Vieles wird frittiert, frische Salate und knackiges Gemüse gibt es nur in Restaurants und Supermärkten, da die Mehrheit der Panamaer selbst nicht viel davon isst (aus Gewohnheit, aber auch aus finanziellen Gründen). Ein Großteil des Gemüses und der Früchte in Panama wird aber ohnehin exportiert.

Die meisten Speisen sind nicht rassig gewürzt, meistens wird nur ein bisschen Salz verwendet. Tropische Früchte und Fruchtsäfte, Eisgetränke

(Raspados) oder Batidos (Fruchtdrinks mit Milch) sind sehr lecker und fast überall bedenkenlos zu kaufen und zu konsumieren. Fast alle Dörfer haben ihre eigenen Trinkwasserquellen und -versorgung, so kann man meist das Leitungswasser sorgenfrei trinken. Nur in größeren Städten wird relativ viel Chlor beigemischt, deshalb sollte man davon absehen, es regelmäßig zu trinken.

In kleinen Restaurants am Straßenrand, sogenannten Fondas, kann man extrem günstig (ca. $1–2) seinen Hunger stillen, wenn man mit viel Reis und Linsen und einem kleinen Stückchen Fleisch oder Fisch zufrieden ist.

In den meisten Restaurants findet sich eine große Auswahl an Meeresfrüchten und Fisch, die meist direkt aus dem Meer auf den Tisch kommen und sehr zu empfehlen sind. Vom Genuss von Rindfleisch sollte man meist (es sei denn in wirklich guten Restaurants) absehen, es ist häufig sehr zäh und nicht von bester Qualität. Ob dies daran liegt, dass das wirklich gute Fleisch exportiert wird und nur mindere Qualität im Lande verbleibt oder aber die Verarbeitung (Schnitt, Abhängen etc.) nicht optimal ist, sei dahingestellt.

Begrüßungen

Oft sind sich Ausländer nicht sicher, wie man sich in Lateinamerika überhaupt begrüßt.

Wie in Europa gilt auch hier: Handschläge für Bekannte und geschäftliche Kontakte und Umarmungen oder Küsschen auf die Wange für engere Freunde und Familie.

Generell jedoch wird eher ein lippenloses Küsschen (aber nur eines) auf die Wange einer Umarmung vorgezogen. Das Küsschen ist auch durchaus angebracht, wenn man jemandem durch einen gemeinsamen Freund vorgestellt wird, jedoch nicht bei Geschäftsbeziehungen.

So sollte man sich begrüßen:

Mann zu Mann:
Eigentlich immer Handschlag; es sei denn, es ist ein sehr naher Freund, dann eine Umarmung.

Frau zu Frau:
Immer ein Küsschen; es sei denn, bei Geschäftsterminen.

Mann zu Frau:
Hier sollte man durchaus aufpassen – achten Sie auf die jeweiligen Situationen:
- Enge Freunde: Küsschen
- Erste Begegnung: Handschlag
- Erste Begegnung mit Vorstellung durch gemeinsamen Bekannten, z. B. Vorstellung eines Kollegen: Küsschen

Verkehr

Für alle, die noch nie in Panama waren oder sich neu auf die Straßen wagen wollen, hier ein paar Tipps:

Falls Sie in der Stadt leben werden, nehmen Sie sich Zeit! Erkunden Sie lieber die ersten Wochen Ihre Umgebung mit dem Taxi und prägen Sie sich Straßenführungen, Einbahnstraßen etc. ein bzw. versuchen Sie sich schon mal an die Fahrweise zu gewöhnen. Ohne Eingewöhnung, vielleicht noch mit einem neu gekauften Wagen, sollten Sie sich lieber nicht auf die Straße begeben.

Wohnen Sie in einer eher ländlichen Gegend, werden Sie sich nicht so sehr an den Verkehr, sondern eher an dessen Fehlen gewöhnen müssen. Viele Straßen sind selten befahren, hier ist jedoch umso mehr Vorsicht erforderlich: Kühe, Pferde, Hunde, Betrunkene, alle scheinen die Nähe zur Straße zu bevorzugen. Verlassen Sie sich niemals auf andere Fahrer, vor allem außerhalb der Städte fährt man gerne mal betrunken Auto und ist so ein Risiko für sich und vor allem andere.

3. Land und Leute

Grundsätzlich sind die Straßen im Vergleich zu Deutschland sehr schmal, unübersichtlich, schlecht ausgeschildert und teilweise in fragwürdigem Zustand.

Ein Notfallset im Auto (funktionierender Ersatzreifen, Wagenheber, Werkzeug, Taschenlampe etc.) ist unbedingt zu empfehlen und sollte von Zeit zu Zeit auch auf seine Funktionalität geprüft werden.

Immer gilt: Lieber ein paar Minuten später ankommen als gar nicht.

Hier also die Grundregeln:

1. **Drängeln ist Sitte**
   Wollen Sie z. B. aus einer Seitenstraße auf die Hauptstraße biegen, warten Sie lieber auf eine ausreichende Lücke, als sich reinzudrängen und zu hoffen, dass „er schon bremsen wird". Wird er nicht. An die Sitte zu drängeln und niemanden reinzulassen (auch in Europa nicht so unüblich), wird man sich schnell gewöhnen.

2. **Der Bus hat immer Vorrang**
   Die „Diablos rojos" haben eingebaute Vorfahrt, Vorsicht! Unvorhergesehene Spurwechsel, scharfe Bremsungen, keine funktionierenden Bremslichter oder Blinker – alles ist möglich. Seien Sie daher vorbereitet und versuchen Sie, Abstand zu halten.

3. **Nicht mit Taxis anlegen**
   Hier können Sie niemals gewinnen, stecken Sie lieber zurück. So abgebrüht wie ein typischer Panama-City-Taxifahrer werden Sie wahrscheinlich Ihr Leben lang nicht sein.

4. **Nebenbeschäftigung ist Pflicht**
   Es sieht wirklich so aus, als ob es in Panama Pflicht wäre, während der Fahrt ein Handy zu benutzen. Hat der Fahrer kein Telefon in der Hand, ist er sicher gerade damit beschäftigt zu essen, die Klimaanlage oder das Radio einzustellen oder auch wahlweise alles gleichzeitig. Fortgeschrittene kümmern sich außerdem um den Nachwuchs auf der Rücksitzbank oder lesen Zeitung.

5. **Was für ein Schild?**
Sicher wurden Verkehrsschilder nicht in Panama erfunden. Entweder fehlen sie ganz oder werden einfach ignoriert. Bloß weil Sie sich auf der Vorfahrtsstraße befinden und alle anderen Stoppschilder haben, heißt das nicht, dass Sie auch Vorfahrt haben. Im Zweifelsfall sollten Sie daher immer bremsbereit sein. Im Normalfall haben nicht vorfahrtsberechtigte Straßen an der Kreuzung Stoppschilder montiert, oft fehlen diese jedoch oder werden verdeckt.

6. **Rot heißt „Stopp", Grün heißt „warte noch ein bißchen"**
Niemals sofort losfahren, wenn Ihre Ampel auf Grün schaltet. Eine bis zwei Sekunden schaden nie und geben den notorischen „Über-Rot-Fahrern" genug Zeit, die Kreuzung und nicht Sie von der Kreuzung zu räumen. Lassen Sie sich dabei am besten nicht vom Gehupe stören!

Kultur

Feiertage

Nationalfeiertag ist der 3. November, an dem der Unabhängigkeit von Kolumbien gedacht wird.

Des Weiteren gibt es zahlreiche andere Feiertage (siehe Anhang), die der arbeitenden Bevölkerung ihre wohlverdiente Ruhe geben und bei Bedarf auch gern, wenn sie auf einen Sonntag fallen, auf den Montag gelegt werden.

Tänze/Musik

Ein herausragender und bereichernder Teil der panamaischen Kultur ist, wie in den meisten lateinamerikanischen Staaten, Musik und Tanz. Historische, typische sowie moderne Tänze aus dem Nachbarland Kolumbien und den Bruderstaaten aus der Karibik formen zusammen mit den typischen lateinamerikanischen Tänzen eine große Vielfalt.

Zu nennen sind:

- der Tipico und Vallenato, die aus der früheren Staatengemeinschaft mit Kolumbien erhalten geblieben sind,
- die Kongotänze, welche von den Sklaven afrikanischen Ursprungs bis heute am Leben erhalten wurden (vor allen Dingen an der Karibikseite),
- der Reggae, Raggatón (der dazugehörige Tanz heißt Perreo, wird auch Rákata genannt) aus Puerto Rico, der Dominikanischen Republik und Panama selbst,
- Tänze der verschiedenen Ureinwohnergruppen, unter anderem der Kuna Yala,
- der Haitiano aus Haiti,
- die typischen lateinamerikanischen Tänze Salsa, Merengue Bachata, Cumbia.

Einer der bekanntesten Salsa-Musiker der Welt stammt aus Panama: Rubén Blades, zurzeit Tourismusminister seines Landes.

Die meisten Tänze werden nach wie vor von der breiten Bevölkerung beherrscht, da sie für das Nachtleben unabdingbar sind. Und wie alle Lateinamerikaner hat hier einfach jeder den Rhythmus im Blut, im Gegensatz zu manchem Nordeuropäer. Lassen Sie sich jedoch nicht vom Tanzen abbringen, Sie werden sehen – auch ohne Vorkenntnisse sind Sie auf Partys ein beliebter Tanzpartner.

Pushes

Pushes sind nichts Typisches für Panama, eigentlich gibt es sie in jedem lateinamerikanischen Land, vor allem Brasilien und Argentinien. Auch in anderen Ländern wie den Vereinigten Staaten, Japan etc. kann man sie finden. In Panama jedoch existieren sie fast in jeder Stadt und jedem Städtchen mit mehr als 500 Einwohnern. Pushes sind sogenannte „Liebesmotels", „Liebeshütten" oder „Sex Motels", die in Panama ein wichtiger und faszinierender Bestandteil der Kultur sind. So ziemlich jeder Panamaer (mit eigenem Auto) weiß, was hinter den geschlossenen Garagentüren vor sich geht. In den meisten Pushes wird ein System benutzt, wo der Gast direkt in die Garage des Motels fährt, einen Knopf drückt (daher der Name) und sich die Tore hinter ihm schließen, um Anonymität zu gewährleisten (auch ein fragliches Konzept bei der geringen Anzahl der Autos in kleineren Städten). Wenn die Tür geschlossen ist, kann man sein Hotelzimmer betreten und die ungestörte Zeit nutzen. Wenn man fertig ist, nimmt man das Telefon, das im Raum hängt, gibt Bescheid und erfährt seinen Rechnungsstand.

Dann kann man entweder bar oder per Kreditkarte (ob es der Anonymität förderlich ist, wenn Ihre Abrechnung „Pedros Liebespalast 47,50 $" ausweist, ist allerdings fraglich) zahlen – meist bei einem Kassierer, den man hinter seiner verspiegelten Glaswand nicht sieht.

Danach warten Sie noch etwas im Auto, während die Angestellten checken, ob Sie für alles, was Sie benutzt haben, auch gezahlt und nicht die Einrichtung demoliert haben. Sobald dies beendet ist, öffnet sich die Garagentür und Sie können fahren.

Die Räume selbst reichen von einfach bis spektakulär. Sie sollten immer mit sauberen Laken und frischen Handtüchern bestückt sein, viele haben TV und empfangen „Erwachsenenprogramme".

Oft gibt es Badewannen, Whirlpools, Minibars, Snacks und andere Ausstattung wie „Spielzeuge".

Essen, Getränke sowie andere Services sind oft bestellbar und werden auf Ihre Rechnung geschlagen.

Verbreitet sind auch Themenräume, Himmel und Hölle, Geisha-Haus, Jacuzzi-Raum, Spiegelzimmer und, und, und.

Die Größe reicht von klein bis riesig, mehrstöckig und luxuriös, wo man (theoretisch) auch nett wohnen oder Partys veranstalten könnte. Normalerweise erschließt sich dies durch den Preis.

Ein Standard-Raum kostet ca. $ 10 für zwei Stunden, Themenräume ca. $ 20 für zwei Stunden, Luxuszimmer ca. $ 40 für zwei Stunden.

Natürlich kann man auch länger als die Mindestzeit bleiben. Es gibt jedoch keine Nachlässe für Übernachtungen. Pushes sind für die Kurzzeitbenutzung gedacht.

Die Pushes unterliegen staatlicher Kontrolle und müssen Mindestanforderungen an Sanitärmaßnahmen und Sicherheitsvorschriften erfüllen. Des Weiteren bieten sie einen vielgefragten und wichtigen Service für Personen aller Alters- und Bevölkerungsklassen an.

Viele erwachsene Panamaer haben aufgrund mangelnder Privatsphäre nicht die Möglichkeit, sich mit ihren Partnern zu Hause zu treffen, gemeinsame oder Single-Wohnungen sind eher die Ausnahme. Das macht die Pushes zu einer essentiellen Einrichtung der panamaischen Kultur.

Medien

Beinahe jeder Haushalt in Panama hat ein Fernsehgerät, auch wenn die Antenne nur auf einem Bambusrohr vor sich hin schwankt und der Empfang mehr als bescheiden ist ... die Kiste läuft. Wie auch die Straßen und Märkte und das Leben der Panamaer generell, ist das Angebot laut und bunt, *Soap Operas* können nicht schnulzig genug sein, Werbung nicht zu brüllend oder Werbepausen zu häufig.

Mittlerweile haben sich auch in ländlichen Gegenden viele Satellitenanschlüsse breit gemacht. Der Anblick einer Bambushütte mit Satellitenschüssel zeigt den hohen Stellenwert des TV. Einen Herd oder ein WC braucht man nicht unbedingt, aber einen Fernseher muss man haben.

Eigentlich besitzt jeder Panamaer ein Mobiltelefon, als Statussymbol oder Musikwiedergabegerät, als Kamera oder als Spielkonsolenersatz. Ohne Handy geht man nicht aus dem Haus. Die generelle Erreichbarkeit wird ständig ausgebaut, es finden sich jedoch noch viele Teile des Landes, die kein Netz haben. Gerne wird das Handy im Restaurant oder beim

Busfahren auf Lautsprecher gestellt, um alle an der Musik teilhaben zu lassen, die aus dem Gerät quakt.

Kostenlose Wifi-Punkte gibt es eigentlich in allen größeren Orten. Leider hat aber fast kein Einheimischer (in ländlichen Gegenden) einen Computer, um sie zu nutzen.

Die meisten Schulen haben Internetanschluss. Zwei große Tageszeitungen (*prensa* und *El Diario*) sind beinahe überall erhältlich.

4. Kapitel:

GESCHICHTE / VERGANGENHEIT

Panama hat eine bewegte Geschichte hinter sich: Kolonialisierung, Diktaturen, Eingliederungen, Unabhängigkeiten ...

Auf einen Überblick der ferneren Vergangenheit möchte ich in diesem Buch gerne verzichten. Der Interessierte findet im Internet oder den Printmedien ausreichende und gut recherchierte Informationen.

Wenn Sie überlegen auszuwandern, sind meiner Meinung nach die jüngere Vergangenheit und die momentanen Bedingungen eines Aufenthaltes weit wichtiger und informativer.

Hierzu sei in Kürze gesagt, dass Panama – obwohl erst relativ wenige Jahre ein demokratisches Land – in punkto Sicherheit und Wirtschaftswachstum im internationalen Vergleich sehr gut abschneidet.

Die Politik verfolgte in den letzten Jahren einen mehr oder weniger konstanten investitions- und ausländerfreundlichen Kurs.

Das Wirtschaftswachstum, vor allem bedingt durch steigende Touristenzahlen und die Einkommen über den Kanal, macht sich überall bemerkbar.

War die Entwicklung bisher nur auf einige wenige Punkte des Landes konzentriert, spürt man in den letzten Jahren eine deutliche Verbesserung der touristischen und generellen Infrastruktur.

Supermärkte, Souvenirläden, Hotels und andere Unterkünfte schießen überall aus dem Boden. Neue Straßen entstanden, werden geplant und vorhandene Straßen werden stets ausgebessert.

Das wirtschaftliche Leben in Panama ist von einer gewissen Kurzlebigkeit geprägt. Neu eröffnete Läden schließen oft schon nach wenigen Monaten wieder, langjährige Etablissements verschwinden von einem Tag auf den anderen.

4. Geschichte/Vergangenheit

Das tägliche Leben der Bevölkerung verbesserte sich teilweise in vielen Bereichen. Aber auch steigende Kosten gehen leider mit dieser Entwicklung einher. So wurde zum Beispiel die Mehrwertsteuer im letzten Jahr von 5 auf 7 Prozent erhöht. Die „canasta basica", eine Aufstellung der Grundlebensmittel, des Bedarfs an Gebrauchsgütern und ihrer Preise, verzeichnet seit Jahren einen leichten, aber stetigen Anstieg, was eine gewisse Unzufriedenheit in der Bevölkerung hervorruft. Die panamaische Bevölkerung ist in Bezug auf Proteste jedoch wenig aktiv. Demonstrationen beschränkten sich meist auf kleine friedliche Umzüge, die von offizieller Seite bemerkt, aber auch relativ ignoriert wurden.

Generell ist die Zufriedenheit der Bevölkerung relativ hoch, die Panamaer sind stolz auf ihr Land.

In Zeiten von Wahlen engagiert man sich für den Kandidaten seines Geschmacks, Fähnchen werden geschwungen, Aufkleber geklebt, jede freie Fläche mit Wahlslogans bemalt.

Ist die Wahl jedoch vorbei, setzt sofort wieder eine große Indifferenz gegenüber dem politischen Geschehen und das traditionelle Erdulden der Zustände wieder ein. Ändern tut sich ja doch nichts, und wenn doch, dann nur zum Schlechteren – dies ist eine tief verwurzelte Überzeugung der Menschen. Die letzten Präsidenten starteten jeweils mit großen Versprechungen und hehren Zielen in ihre Amtsperioden, hatten jedoch wie überall auch sonst auf der Welt eher damit zu tun, Schaden zu begrenzen, als wirklich neue und wirksame Konzepte einzuführen.

Das Land blieb in den vergangenen Jahren von größeren Naturkatastrophen, Unfällen oder Attentaten verschont.

Ein dem Goldrausch ähnliches Verhalten bestimmte in der nahen Vergangenheit vor allem den Immobilienmarkt in Panama. Die Preise von Grundstücken stiegen in den vergangenen Jahren jährlich um durchschnittlich ca. 20 Prozent. Dieser Trend wurde nur von der Wirtschaftskrise 2009 gebremst und hat sich seitdem auch nicht wieder erholt. In einigen Regionen jedoch (vor allem im Casco Viejo, Panama City's

Altstadt) ist der Anstieg weiterhin zu verzeichnen: In ganzen Straßenblöcken werden Häuserzeilen aufgekauft, aufwendig renoviert und wieder teuer verkauft.

Dadurch entstand auch die besondere Atmosphäre des Viertels, die Vermischung eines „Slums" mit einem Nobelviertel.

Seitdem im Jahre 2006 ein grundlegendes Gesetz geändert wurde und man jetzt auch Grundstücke innerhalb der 200-Meter-Marke vom Meer titeln kann, hat sich ein Großteil der Aktivitäten im Immobilienbereich an die Pazifikküste verlagert. Auch vormals unerschlossene Regionen, die nicht in direkter Nähe von Panama City liegen, erfahren nun eine merkliche Steigerung der Verkaufszahlen.

Da sich der Tourismus in Panama erst vergleichsweise spät entwickelte, bestand auch immer die Hoffnung, dass von Fehlern, die andere Länder mit dem Tourismus begingen (Zerstörung der Natur durch maßlose Bebauung, Umweltverschmutzung etc.), gelernt wurde. Leider blieb das jedoch aus. Wie überall entstehen an den schönsten Plätzen die hässlichsten und größten Hotelketten. So ist auch die Gesetzgebung im Bereich Tourismus auf Großinvestoren angelegt. Kleiner, gesunder Tourismus, bei dem Geldmittel in der Region verbleiben, wird eher gebremst als unterstützt (unabsichtlich meist, aber spürbar). In allen größeren Städten entstehen Restaurants von Fastfoodketten wie Subway, McDonalds etc., vom Angebot her austauschbar mit jeder anderen Großstadt der Welt.

Durch die Entwicklung der letzten Jahre, die Ankunft der „Zivilisation" auch in den entlegenen Winkeln des Landes entstand ein Problem, mit dem Panama auch heute noch schwer zu kämpfen hat: Die Umweltverschmutzung im kleinen Maßstab.

Wo früher Essen in Bananenblätter eingewickelt war, findet man heute nur noch Plastikverpackungen, die jedoch immer noch auf die traditionelle Art entsorgt werden. Sie werden auf den Boden geschmissen, wo man sich gerade befindet, hinter das Haus gekippt oder einfach in der Umwelt entsorgt.

4. Geschichte/Vergangenheit

Ein Verständnis der Bevölkerung für dieses Problem ist nicht in Sicht, es wird wahrscheinlich auch noch lange dauern, dieses zu generieren und so einer allgegenwärtigen Beeinträchtigung entgegenzutreten.

Auch hat sich in den letzten 30 Jahren die Viehzucht als große Branche fest etabliert. Die Auswirkungen auf die Natur sind teils beträchtlich. Immer noch werden ganze Landstriche gerodet, um Weideflächen zu erhalten – intakte Natur oder ungenutzte Flächen werden immer seltener.

Auch dies sollte in der Verantwortung potentieller Einwanderer liegen: Pflanzen Sie und roden Sie nicht, schützen Sie und jagen Sie nicht.

Denn leider ist es immer noch gang und gäbe, auch seltene, geschützte und vom Aussterben bedrohte Arten zu jagen und zu verzehren.

Schildkröteneier, Tukane, Leguane – ein Bewusstsein der Bevölkerung dafür, dass sie die letzten Exemplare einer Art jagen und ausrotten, existiert nicht. So starben in den letzten Jahren einige sonst wild lebende und fast überall anzutreffende Arten fast gänzlich aus.

5. Kapitel:
WIRTSCHAFT/INFRASTRUKTUR

Panamas auf dem Dollar basierende Wirtschaft ist primär auf einem sehr gut entwickelten Dienstleistungssektor aufgebaut, der ca. 80 Prozent des Bruttosozialprodukts erwirtschaftet. Als Dienstleistungen sind der Betrieb des Panamakanals (der seit dem 31. Dezember 1999 der alleinigen Verfügungsgewalt Panamas unterliegt und in dessen Verwaltung, Betrieb und Instandhaltung rund 8000 Menschen arbeiten), das Bankwesen, die Freihandelszone in Colón, Versicherungen, Containerhafen, Schiffsregistrierung (in Panama sind weltweit die meisten Schiffe registriert, fast jedes fünfte; Gründe hierfür sind das vergleichsweise unkomplizierte Verfahren und die geringen Steuern) und der Tourismus zu nennen.

Weiteres Wirtschaftswachstum wird durch den Ausbau des Kanals erwartet, der eine Investition von ca. 5 Milliarden Dollar beinhaltet.

Die starke Wirtschaft hat eine Reduktion der Armut auf ca. 29 Prozent ermöglicht. Die Einkommensverteilungsschere jedoch klafft weit auseinander: Panama hat in Bezug auf die verschiedenen sozialen Schichten Lateinamerikas die zweitgrößte Einkommensungleichheit. Die Regierung versucht mit sozialen Programmen, Entwicklungsmaßnahmen u. Ä. gegen den Trend zu halten.

Einige Zahlen zur Wirtschaft

Bruttosozialprodukt: ca. 23 Milliarden mit einer Wachstumsrate von ca. 9 % (geschätzt 2008). Pro-Kopf-Verteilung ca. $ 12.000 bei 1,39 Millionen Arbeitenden. Zusammensetzung der Sektoren:

- Landwirtschaft 6 %
- Industrie 17 %
- Dienstleistungen 77 %

5. Wirtschaft/Infrastruktur

Beschäftigung in den Sektoren:

- Landwirtschaft 15 %
- Industrie 18 %
- Dienstleistungen 67 %

Arbeitslosenzahlen:

- 5,6 % (2008 gesch.)
- 6,4 % (2007 gesch.)
- 9,6 % (2005 gesch.)

Diese offiziellen Zahlen können meiner persönlichen Meinung nach nicht ernst genommen werden. Auf dem Lande beispielsweise ist eher die Arbeitendenquote in diesen Bereichen anzusiedeln. In Wirklichkeit macht die Gesamtzahl der Arbeitskräfte Panamas, die einer regulär bezahlten Arbeit nachgehen, deutlich weniger als ein Drittel der Gesamtbevölkerung aus. Der Rest arbeitet für den Eigenbedarf, lebt von der Schwarzarbeit oder ist offiziell arbeitslos. Fast 17 Prozent aller Lohnarbeiter sind gewerkschaftlich organisiert.

Hier einige Lohnbeispiele:

Mindestlohn:	
Inland	US$ 0,85/Std.
Panama, Colón	US$ 1,20/Std.
Durchschnittslöhne (Brutto):	
Sekretärin (zweisprachig)	US$ 500,00/Monat
Buchhalter	US$ 600,00/Monat
Ingenieur	US$ 1.200,00/Monat
Sozialabgaben	ca. 30 %

Staatsausgaben:

Zwischen 1992 und 2000 lag der Anteil der Staatsausgaben für

- das Gesundheitswesen bei 19 %,
- das Bildungswesen bei 18 %,
- das Militär bei 4 %.

Einige Zahlen zur Wirtschaft

Inflationsrate (Konsumentenpreise):

- 8,8 % (2008 gesch.)
- 4,2 % (2007 gesch.)

Energie:

Jährlich werden 4,4 Milliarden Kilowattstunden erzeugt, davon 27,78 Prozent in Wärmekraftwerken und der Rest fast ausschließlich in Wasserkraftwerken.

Landwirtschaft:

8,8 Prozent der Bodenfläche Panamas werden landwirtschaftlich genutzt. Hauptsächlich werden Bananen, Plátanos, Zuckerrohr, Reis, Ananas, Mais und Kaffee angebaut. Zum Tierbestand gehören Rinder, Schweine und Hühner.

Forstwirtschaft und Fischerei:

Wälder bedecken etwa 45 Prozent der Landesfläche. Eine nationale Forstbehörde verwaltet den Großteil der Waldflächen – etwa zwei Drittel stehen unter Schutz, das verbleibende Drittel wird als Wirtschaftswald genutzt.

Die Fischerei ist ein führender Wirtschaftszweig. Zu den wichtigsten Fangprodukten gehören Garnelen und Krabben.

Nutzung des Landes:

- Bewirtschaftbares Land: 7,26 %
- Permanent bewirtschaftet: 1,95 %
- Sonstiges: 90,79 % (2005)

Bergbau und Industrie:

In Panama werden geringe Mengen Gold und Silber abgebaut; Salz wird an der Pazifikküste gewonnen. Die meisten Erzeugnisse der Fertigungsindustrie wie Zement, Zigaretten, Schuhe, Bekleidung, Seife, verarbeitete Nahrungsmittel und alkoholische Getränke sind für den einheimischen

Markt bestimmt. Erdölraffinerien produzieren hauptsächlich für die Ausfuhr. Die wichtigsten Exportgüter des Landes sind Bananen, Erdölerzeugnisse, Garnelen, Rohzucker und Kaffee.

Exportpartner:

- Vereinigte Staaten 17,2 %
- Deutschland 14,6 %
- Italien 9 %
- Griechenland 6,1 %
- Niederlande 4,8 %
- Dänemark 4,2 %
- Spanien 4,2 % (2008)

Die Importe stammen hauptsächlich aus den Vereinigten Staaten. Die weiteren Hauptlieferanten Panamas sind Mexiko und Japan. Eingeführt werden in erster Linie fossile Brennstoffe, Maschinen, Chemikalien, Fördereinrichtungen und Rohstoffe. Die Handelsbilanz ist negativ.

Wirtschafts- und Währungsstabilität

Die eigentliche nationale panamaische Währung, der Balboa, existiert nur in Münzform. Seit Beginn der Existenz des Staates Panama gilt laut Verfassung der US-Dollar als offizielle, legale Währung. Gegründet auf der vollständigen Dollarisierung der Wirtschaft hat die panamaische Regierung keinerlei Möglichkeiten, eine eigenständige Geld- oder Kreditpolitik zu betreiben. Das Inflationsrisiko ist somit minimal.

Aufgrund der Akzeptanz des Dollars als legale Währung bestehen in Panama keinerlei Devisenkontrollen, Kapitalverkehrskontrollen oder Wechselkursrisiken. Um der Geldwäsche vorzubeugen, sind Transaktionen über US$ 10.000 in Barbeträgen sowie andere liquide Zahlungsformen (Schecks, Wechsel etc.) seitens der Banken und bei der Einreise in das Land meldepflichtig.

Bankensystem

Panama ist im Besitz eines gut funktionierenden internationalen Bankenzentrums, in dem zur Zeit ca. 85 Banken den nationalen und internationalen Kunden ihre Dienste anbieten. Der Investor profitiert von verschiedenen Finanzierungs- und Transaktionsmöglichkeiten sowie von den hervorragenden internationalen Verbindungen des Bankenzentrums.

Alle Zahlen aus: CIA Factbook.

6. Kapitel:

GESUNDHEIT

Medizinische Grundversorgung

Die medizinische Grundversorgung in Panama ist flächendeckend, günstig und für jedermann verfügbar.

Das Land verfügt über eine große Anzahl von Privatkrankenhäusern, die sich teilweise auch im internationalen Vergleich nicht verstecken müssen.

Die staatlichen Krankenhäuser sind meist nicht so gut ausgestattet, bieten weniger gut ausgebildetes Personal, sind oft (außer an den Wochenenden) sehr überlaufen. Eine Notfallbehandlung in den Krankenhäusern des *Seguro Social* (der staatlichen Krankenkasse) kostet jedoch nur einen Dollar, Medikamente und Spritzen werden zu sehr günstigen Preisen verabreicht.

Die meisten größeren Orte besitzen sogenannte „Centros de Salud", in denen man kostengünstig eine medizinische Grundversorgung erhalten kann.

Krankenversicherung

Wenn Sie nach Panama reisen, sind Sie mit Ihrer üblichen Auslandskrankenversicherung gut bedient (obwohl es sich im Falle einer Kleinigkeit meist nicht auszahlt, sich die wenigen Dollars zurückerstatten zu lassen).

Wohnen Sie jedoch hier oder befinden sich dauerhaft im Land, ist eine (private) Krankenversicherung zu empfehlen.

Die Mitgliedschaft im *Seguro Social* (man kann auch für sich selbst Beiträge zahlen, wenn man nicht bei einer Firma angestellt ist) ist ab ca. $ 50 monatlich zu haben und berechtigt Sie zu einer Behandlung in den öffentlichen Krankenhäusern. Leider deckt diese jedoch nicht die Behandlung von Spezialisten und Privatärzten ab – das heißt, man muss sich mit dem weniger guten Service und der schlechteren Ausstattung der öffentlichen Krankenhäuser zufrieden geben.

Einige Preisbeispiele:

Krankenhausbesuch (des *Seguro Social*) in der Notaufnahme $ 1, Nacht mit Behandlung ca. $ 20, z. B. Penicillininjektion $ 1, Schwangerschaftsvorsorge umsonst, Ultraschall ca. $ 20. Eine gute Privatversicherung ist ab ca. $ 100 monatlich zu haben.

Spezialisten wie Hautärzte, Frauenärzte und weitere, die eigene Praxen betreiben, verlangen ca. $ 25 pro Termin. Generell kann man sagen, dass man eine relativ hohe Qualität der Ärzte bei vergleichsweise sehr geringen Preisen findet, was auch eine Art „Medizintourismus" nach Panama ins Leben gerufen hat.

Vor allem viele Nordamerikaner verwenden das Geld, das sie bei einem „Luxus-Arztbesuch", beispielsweise beim Plastischen Chirurgen, in Panama eingespart haben, um sich danach noch ein paar Tage im Paradies zu erholen.

Viele panamaische Ärzte, die in den Vereinigten Staaten studiert haben, betreiben Privatpraxen, die ihre Services zu einem Bruchteil der Preise in Europa anbieten. Meist gibt es gute Privatpraxen (Spezialisten für Plastische Chirurgie, gute Zahnärzte) aber nur in der Hauptstadt.

Medizinische Vorsorge

Oftmals haben Touristen übermäßige Angst vor Malaria. Eine medizinische Vorsorge ist jedoch nicht nötig, es sei denn, man hält sich in abgelegenen, sumpfigen Regionen auf.

Das Leitungswasser ist, außer in den Provinzen Darién und Bocas del Toro, meist bedenkenlos trinkbar, jedoch manchmal stark gechlort.

Ein großes Gesundheitsrisiko ist in Panama aber durch die Sonne bedingt. Vor allem hellere Hauttypen sollten auf jeden Fall ein Sonnenschutzmittel mit hohem Lichtschutzfaktor mitnehmen und immer, auch an bedeckten Tagen, verwenden.

Impfschutz

Eine gültige Impfung gegen Gelbfieber wird für alle Reisenden bei Einreise aus einem Gelbfiebergebiet gefordert. Welche das sind, kann auf den Internetseiten der World Health Organization unter www.who.int/ith/countries/en/index.html nachgelesen werden. Bei Einreise aus Deutschland wird diese nicht verlangt. Das Auswärtige Amt empfiehlt Impfschutz gegen Tetanus, Diphtherie und Hepatitis A, bei Langzeitaufenthalt über vier Wochen oder besonderer Exposition auch gegen Hepatitis B, Tollwut und Typhus. Die Standardimpfungen für Kinder und Erwachsene entsprechend den Empfehlungen des Robert-Koch-Instituts (siehe www.rki.de) und sollten auf dem aktuellen Stand sein.

Malaria

In Bezug auf die Infektionskrankheit Malaria besteht ein ganzjähriges Risiko. Hauptsächlich tritt die Variante Malaria tertiana auf, im Osten ist es auch die Malaria tropica (auch mit Chloroquinresistenzen). Ein mittleres Risiko besteht in den ländlichen Gebieten der Provinzen auf der Karibikseite und im Grenzgebiet zu Kolumbien, ein geringes Risiko in den tiefer gelegenen ländlichen Gebieten der übrigen Provinzen. Sehr geringes oder kein Risiko besteht in der Kanalzone, der Pazifikküste und in den Stadtgebieten.

Die Übertragung erfolgt durch den Stich blutsaugender nachtaktiver Anopheles-Mücken. Unbehandelt verläuft insbesondere die gefährliche Malaria tropica bei nicht-immunen Europäern häufig tödlich. Die

Erkrankung kann auch noch Wochen bis Monate nach dem Aufenthalt ausbrechen. Beim Auftreten von Fieber in dieser Zeit ist ein Hinweis an den behandelnden Arzt auf den Aufenthalt in einem Malariagebiet notwendig.

Je nach Reiseprofil wird deshalb sehr oft eine Chemoprophylaxe (Tabletteneinnahme) empfohlen, die jedoch nicht unbedenklich vertretbar ist. Kalkulieren Sie das Risiko einer Ansteckung, bedenken Sie jedoch auch die teilweise beachtlichen Nebenwirkungen der Medikamente. Die Mitnahme einer Selbstbehandlungsdosis ist, um auf Nummer sicher zu gehen, eine ratsame Idee. Für die Malariaprophylaxe und die Selbstbehandlung sind verschiedene verschreibungspflichtige Medikamente (z. B. Resochin, Malarone, Doxycyclin, Lariam, Riamet) auf dem deutschen Markt erhältlich. Die Dosierung und die persönliche Anpassung sowie Nebenwirkungen und Unverträglichkeiten mit anderen Medikamenten sollten unbedingt vor der Einnahme mit einem Tropenmediziner oder Reisemediziner besprochen werden.

Aufgrund der mückengebundenen Infektionsrisiken wird allen Reisenden empfohlen

- ganzkörperbedeckende, helle Kleidung zu tragen (lange Hosen, lange Hemden),
- Insektenschutzmittel tagsüber (Dengue), abends und nachts (Malaria) auf alle freien Körperstellen wiederholt aufzutragen,
- unter einem Moskitonetz zu schlafen.

HIV/AIDS

Durch sexuelle Kontakte und bei Drogenkonsum (über unsaubere Spritzen oder Kanülen) besteht grundsätzlich ein hohes Risiko einer lebensgefährlichen HIV-Infektion. Kondombenutzung wird immer – insbesondere bei Gelegenheitsbekanntschaften – empfohlen.

Durchfallerkrankungen und Cholera

Durch eine entsprechende Lebensmittel- und Trinkwasserhygiene lassen sich die meisten Durchfallerkrankungen vermeiden. Das Leitungswasser in Panama-Stadt ist als Trinkwasser zu verwenden.

Einige Grundregeln bei unklaren Verhältnissen: Kein Leitungswasser außerhalb der Stadt trinken, sondern ausschließlich Wasser sicheren Ursprungs wie z. B. Wasser aus Flaschen. Im Notfall gefiltertes, desinfiziertes oder abgekochtes Wasser benutzen. Unterwegs zum Geschirrspülen und Zähneputzen Trinkwasser benutzen. Bei Nahrungsmitteln gilt: Kochen, Schälen oder Desinfizieren. Halten Sie unbedingt Fliegen von Ihrer Verpflegung fern. Waschen Sie sich so oft wie möglich mit Seife die Hände, immer aber nach dem Stuhlgang und immer vor der Essenszubereitung bzw. vor dem Essen. Wo es angebracht ist, führen Sie eine Händedesinfektion durch und benutzen Einmalhandtücher.

Auch die durch Insekten übertragenen Dengue-Virusinfektionen kommen in Panama vor. Aus diesen Gründen empfiehlt sich auch tagsüber ein Schutz gegen Moskitostiche.

Lassen Sie sich vor einer Reise durch eine tropenmedizinische Beratungsstelle, einen Tropenmediziner oder Reisemediziner beraten (siehe z. B.: http://www.dtg.org/ oder http://www.frm-web.de/).

Grundsätzliches für den Alltag

Grundsätzlich gilt: Seien Sie vorsichtig, aber nicht übervorsichtig.

Durch das Klima bedingt können sich auch kleine Wunden, Kratzer oder Schnitte schnell entzünden, eine gründliche Reinigung mit Wasserstoffperoxyd und die Behandlung mit einer Jodcreme sind ein Muss.

Infektionen sind im Alltagsleben ein großes Problem. Fast immer werden Antibiotika verschrieben, denn sie sind oftmals die einzig wirksame

6. Gesundheit

Gegenmaßnahme. Ohrenentzündungen sind nicht unüblich, wenn Sie sich oft im Meer aufhalten. Hautpilze und Bakterien gedeihen hier besonders gut.

Haben Sie Kinder, bauen Sie oder arbeiten Sie viel im Garten, dann achten Sie immer darauf, einen gut ausgestatteten Medizinschrank verfügbar zu haben.

Uns fiel auf, dass die meisten Kurzreisenden (bis ca. drei Wochen) hier sehr gut klarkommen und die am häufigsten auftretenden Probleme wie Kopfweh und Übelkeit auf Dehydrierung zurückzuführen sind. Achten Sie deshalb immer darauf, genügend Wasser zu trinken.

Nach ca. drei Wochen jedoch scheint sich der Körper bei Langzeitreisenden oder Auswanderern einer Anpassung an das Klima zu unterwerfen, was häufig für den Betroffenen mit einem Krankheitsbefall endet.

Ohren- und Augenentzündungen, Erkältung, Husten etc. (meist nur für ein paar Tage) sind Symptome dieser Anpassung.

Eine Bemerkung zu den Insekten, einem der häufigsten Gründe für Beschwerden: Sie sind ein Teil des Lebens in den Tropen, aber auch ein Teil des Lebens in der Natur. Egal, wo auf der Welt: Befinden Sie sich in einer ländlichen Gegend, wird es immer mehr Insekten (auch beißende oder stechende) geben als in der Großstadt. Sind Sie gestochen worden, dann halten Sie die Einstichstelle sauber und kratzen Sie möglichst nicht. Außerdem gibt es für Neuankömmlinge auch Grund zur Hoffnung: Mit der Dauer des Aufenthalts scheint man resistenter gegen die verschiedenen Wirkstoffe von Mückenstichen zu werden.

Versicherungen

Lebensversicherungen in Panama

Für jeden lässt sich die richtige Lebensversicherung finden, die Kosten hängen von Alter, Einkommen und den Versicherungsleistungen ab. Je nach Leistungen rangieren die Prämien im Bereich von ca. 15 bis 200 $ pro Monat.

Versicherungen können leicht abgeschlossen werden – am besten lassen Sie sich von Experten des Versicherungsunternehmens Ihrer Wahl beraten.

Wie schließe ich eine Lebensversicherung ab? Um eine Lebensversicherung abzuschließen, muss eine ärztliche Untersuchung durchgeführt werden. Sind Sie panamaischer Staatsbürger oder haben Sie eine gültige Aufenthaltsgenehmigung, ist die Untersuchung umsonst. Als Tourist muss sie aus der eigenen Tasche bezahlt werden. Die Kosten betragen ca. 40 $.

Sobald die Untersuchungsergebnisse vorliegen, ist es ratsam, den passenden Vertrag mit seinem Versicherungsvertreter auszufüllen.

Autoversicherung
Eine Kraftfahrzeugversicherung ist in Panama Pflicht. Die Versicherung für sein Auto zu erhalten, ist relativ einfach und kostengünstig.

Sie müssen nur Ihre persönlichen Daten und die Daten des Fahrzeugs, das „Registro Unico del Vehículo", das Sie beim Kauf erhalten haben, angeben. Der jährliche Minimalbeitrag liegt bei ca. 100 $.

Weiterführende Leistungen (Vollkasko) sind gegen Aufpreis mit verschiedenen Leistungen und Prämien zu bekommen.

Im Falle eines Unfalles sollten Sie

- das Auto nicht mehr bewegen,
- die Polizei rufen,
- die Versicherung anrufen, die dann einen Vertreter der Versicherungsgesellschaft schickt,
- ruhig bleiben und vor Ort warten, bis die Polizei eintrifft,
- im Falle von Verletzten die Polizei benachrichtigen, dass ein Krankenwagen geschickt werden soll.

6. Gesundheit

Krankenversicherung

In Panama besteht für Angestellte eine Pflichtversicherung, die teilweise vom Arbeitgeber und teilweise vom Arbeitnehmer gezahlt wird.

Eine private Versicherung ist über die verschiedensten Versicherungsunternehmen zu erlangen und auch für Ausländer verfügbar.

Natürlich sind auch im Bereich der privaten Krankenversicherungen alle Möglichkeiten offen – je mehr Leistungen, desto höher die Prämien.

Die Basisversicherung startet von 21 $ monatlich (bis 25 Jahre), gestaffelt bis 92 $ monatlich (ab 74 Jahre). Mit Sonderleistungen erhöhen sich die Prämien entsprechend.

Sollten Sie nach Panama ziehen wollen, ist eine Krankenversicherung sehr zu empfehlen. Krankenhäuser fordern eine Versicherungskarte oder Kreditkarte, bevor Sie dort „einchecken" können – dies gilt auch für Personen in kritischem Zustand.

7. Kapitel:

SPRACHE

Spanisch ist die offizielle Sprache in Panama. Hinzu kommen einige ursprüngliche Dialekte und Sprachen der Indigenos und Kreolisch, das in den karibischen Regionen gesprochen wird.

Ganz ohne Spanisch ist eine Reise durch (oder auch das Auswandern nach) Panama machbar, aber es erleichtert die Situation (vor allem als Auswanderer) nicht unbedingt. Ob es sich für einen Urlaubsaufenthalt lohnt, Spanisch zu lernen, ist zu überlegen … Planen Sie jedoch, nach Panama auszuwandern, so ist es auf jeden Fall nützlich, schon in der Heimat einen Spanischkurs zu belegen.

Denken Sie daran, dass in Lateinamerika im Gegensatz zu Spanien nicht gelispelt wird. Ist Ihr Spanischlehrer Europäer, versuchen Sie sich nicht die Aussprache anzueignen. Ein S ist hier ein S und muss nicht (wie C, Z etc.) gelispelt gesprochen werden.

Falls es Sie interessiert: Die europäischen Spanier lispeln nur, weil ihnen ein König mit Sprachstörung verbot, normal zu sprechen, um nicht der einzige Lispler zu sein. Dies geschah nach der Kolonisierung Lateinamerikas und setzte sich deshalb hier nicht durch.

Auch wenn Sie nur die grammatikalischen Basics und einige Wörter wissen – man wird Ihren Versuch, in der Landessprache zu kommunizieren, auf jeden Fall wohlwollend aufnehmen. Und machen Sie lieber Fehler beim Sprechen, als überhaupt nichts zu sagen! Mit etwas Basiswissen stellt sich der Erfolg sehr schnell ein – vor allem, wenn man gezwungen ist, immer Spanisch zu sprechen.

Englisch wird eigentlich nur auf der Inselwelt Bocas del Toro gesprochen. Auch in Panama-Stadt und in Boquete findet man immer wieder Leute (vor allem Expats), die Englisch sprechen. Überall sonst (außer in den meisten Hotels) spricht aber kaum jemand Englisch.

Kleiner Sprachführer

Eine kleine Hilfe ist dieser kleine spanische Sprachführer:

Die folgenden nützlichen Redewendungen helfen Ihnen, schnell wie ein echter Panamaer zu sprechen. Aber bitte denken Sie daran – je gewählter Sie sich ausdrücken und je weniger Sie fluchen, desto mehr werden Sie respektiert! Vorsicht ist daher im Umgang mit „Slang"-Wortschatz geboten.

Que va!	Vergiss es, Schwachsinn
Como no	klar
Voy pa' alla	Ich gehe dorthin
Noommbe	(No hombre) Keine Chance!
Esto	wie das deutsche „ääh" am Satzanfang
Que vaina	(Was für eine Sache) Also, so was …
Ayala vida	Oh, Mann!
Asi es la vida	So ist das Leben.
Chuleta!	eigentlich „Schnitzel"; als Abmilderung von „chucha" benutzt, bedeutet es so etwas wie „Verdammt!"
bueeeenas!	die traditionelle Begrüßung
viene el agua!	„das Wasser kommt": sobald sich die ersten Regenwolken zeigen
que sopa	manchmal auch xopa: „Was geht?" („Que paso?" umgedreht)
Diablo rojo	roter Teufel, amerikanische Ex-Schulbusse, die den Verkehr in Panama City beherrschen.
Awebao	vom Wort „ahuevado" (Eierkopf), es kann entweder freundlich mit „Kumpel" oder unfreundlich mit „Idiot" (je nach Tonfall) übersetzt werden. Die Aussprache kann von *awebado* über *awebao* bis *aoaooo* variieren. Dies ist eines der meistgebrauchten Slangwörter der panamaischen Jugend.
Arranque	ausgehen, Party machen
Huevear	„herumeiern", rumhängen, nichts tun. Von *awebao*
Cabrear	genervt sein, keine Lust mehr haben (z. B. „Estoy cabreado" = mir reicht's; „Me tienes cabreado" = ich hab' genug von dir)

Kleiner Sprachführer

Awebason/Ahuevason	„dumme Aktion" oder Sache
Chucha	dieses Wort sollten Sie wirklich nur im engsten Freundeskreis benutzen. Hierbei handelt es sich um einen Verstärkungsausdruck wie das englische „fucking". Eigentlich ein vulgäres Wort für das weibliche Geschlechtsorgan.
Pichazo	viel von etwas. „Un pichazo de gente" = viele Leute
Cuara	25-Cent-Stück, vom englischen Wort *quarter*. Kann man auch für 10-Cent-Münzen benutzen.
Casa Bruja	Hütte oder Schuppen aus billigsten Materialien, Slumwohnung
Alla onde uno	aus der Fernsehshow *Hecho en Panama* = „Wo kommst du her?" Gemeint ist das Heimatdorf, der Ort, an dem man geboren wurde. Ausdruck: „Tu eres de alla onde uno?"
tas pescando	„fischend" = jemand, der auf Kontakte aus ist
Chantin	aus dem Englischen vom Wort *shanty*, Heim, Haus. Beispiel: „Vamos pa' mi chantin" = Gehen wir zu mir nach Hause.
Chiva	eigentlich kleine Ziege, aber in Panama für Kleinbusse, Jeeps etc. gebraucht. „Me voy en chiva pa' Chitré" = Ich fahre mit dem Kleinbus nach Chitré.
Fula/o	blond
Pilla	von „pillar" = sehen, schauen. Auch *mirar, observar, atrapar*. „Pilla esto" = Schau dir das an, „te pillé" = Hab' dich gesehen!
Quemar	betrügen, fremdgehen
Una pinta/una fría	Bier (*una cerveza*), „una fría" = ein Kaltes
Un blanco	Zigarette (*cigarillo*)
Keton	Zigarettenschachtel
Solido	solide, etwas ist toll oder super
Jumarse	sich betrinken
Vaina	Füllwort wie „cosa" (Ding), z. B. „dame esa vaina" = Gib' mir das Ding!
Palo	ein Dollar (balboa), auch für Baum
Gallo	dreckig, abgenutzt, unschön: „Ese restaurante estaba bien gallo." = Das Restaurant war ganz schön heruntergekommen.
Jo!	Kurzform von „Carajo!", bestärkendes Wort am Satzanfang: „Jo, que chica bonita!" = Was für ein hübsches Mädchen!
Vamos pal cuero	„Auf ans Leder!", Auf geht's! Los geht's! Machen wir das!

7. Sprache

ta	kurz für „está" (ist), z. B. in „ta bueno" (das ist gut)
pa	kurz für „para" (für), wie in „esto es pa' ti" (das ist für dich)
Tranque	Stau, z. B. „Llegué tarde por el tranque." (ich bin wegen des Staus zu spät gekommen.)
Chuzo!!!!	wie „chucha", nur nicht vulgär. Man kann auch z. B. „chu-leta" als Ersatz für „chucha" nutzen. *Chuzo* ist eigentlich ein Dorn
Offi	O.K., kommt von „oficial"
Enculado	sehr verliebt, z. B. „Rodolfo está enculado"
Nueve letras	Name für eine von Panamas meistverkauften Spirituosen, dem „Seco Herrerano", der neun Buchstaben hat
Salió el fulo	die Sonne kam raus
YeYe	Yuppie, reicher Angeber
El Chino	Minisupermarkt (*bodega*), lit. „der Chinese". Die meisten der Minisupers sind von chinesischstämmigen Personen geführt, daher der Name.
Maleante	Gangmitglied, Krimineller, böse Person
Chombo	Spitzname, abfälliger Ausdruck für schwarze Person. Auch die meisten schwarzen Tiere (Pferde, Hunde) werden so genannt.
Cholopop	Landjunge, der versucht, durch Gangstaoutfits aufzufallen
Chambón	Tolpatsch
Chifiar	jemanden ignorieren, z. B. „Chifea ese awebao" (siehe „awebao") „que es un loser" = Lade den Typen nicht ein, der ist ein Loser.
Chapot	aus dem englischen „Shaped up" = jemand, der gut angezogen oder gestylt ist, z. B. „Estas bien chapot." = Du schaust aber gut aus.
Pipi sweet	ein „Don Juan", Aufreißer
La kenton	ein Versprechen nicht einhalten, z. B. „Carlos me hizo la kenton, me dijo que iba traer dos botellas y solo trajo una" = Carlos hat sein Versprechen nicht gehalten. Er sagte, dass er zwei Flaschen mitbringt, brachte aber nur eine.
Congo	Idiot, jemand der immer ausgenutzt wird, auch eine Bienenart
Pela	Frau, z. B. „Vi a esa pela en la discoteca anoche." = Ich hab diese Frau gestern in der Disco gesehen.
Pelao	Typ, z. B. „Yo conozco ese pelao." = Den Typen kenne ich.
Firi-firi	sehr dünner Mensch, z. B. „Ana es una firi-firi". Superlativ ist „bien firi-firi" = extrem dünn

8. Kapitel:
SICHERHEIT, JUSTIZ, BEHÖRDEN

Panama ist ein (vor allem im Vergleich zu anderen lateinamerikanischen Ländern) relativ sicheres Land.

Die folgende Auswahl an Behörden kann Ihnen bei Notfällen (als Tourist oder Ansässiger) behilflich sein.

Als Grundregel jedoch gilt: Erwarten sie niemals zu viel von den Behörden. So ist beispielsweise bei kleineren Diebstählen durchaus die Frage zu stellen, ob es sich lohnt, eine gewisse Zeit (leider meist eine sehr lange Zeit) bei der Polizei zu verbringen, um den Diebstahl anzuzeigen, da vor allem bei kleineren Vergehen die Aufklärungsquote gegen Null tendiert. Sollte jedoch Ihr Pass gestohlen werden, benötigen Sie für die Neuausstellung ein Polizeiprotokoll.

Bitte lassen Sie immer Ihren gesunden Menschenverstand walten – es ist niemals empfehlenswert, sich mit teurem Schmuck, Uhren etc. zu behängen, wenn Sie in ärmeren Ländern unterwegs sind.

Beachten Sie auch immer Ihren Bestand an Bargeld, verstecken Sie Kreditkarten etc. möglichst gut und nehmen Sie immer nur so viel an Wertgegenständen wie nötig, aber so wenig wie möglich mit sich. In Hotels lohnt es sich oft, Wertgegenstände, die Sie nicht täglich brauchen, in den Safe sperren zu lassen. Gelegenheit macht Diebe – vermeiden Sie daher Provokationen.

- Nationalpolizei: Policía Nacional de Panamá. (www.policia.gob.pa) Notfalltelefon: 104
- Feuerwehr: Cuerpo de Bomberos de Panamá. Notfalltelefon: 103
- Tourismuspolizei: Policía de Turismo. Telefon: 507-211-3044/226-7000 y 507-212-2269
- Strafverfolgungsbehörde: Policía Técnica Judicial de Panamá (www.PTJ.gob.pa). Telefon: 507-212-2222/2223

- Zivilschutz: Sistema Nacional de Protección Civil (SINAPROC.gob.pa). Telefon: 507-316-0080/231-4209 24-Std-Hotline für Notfälle von jedem Telefon *335
- Rotes Kreuz: Cruz Roja Panameña (www.panama.cruzroja.org). Telefon: 507-315-1388/315-1389. 24-Std.-Hotline für Notfälle von jedem Telefon *455
- Straßenamt: Instituto de Acueductos y Alcantarillados Nacionales (IDAAN.gob.pa). Telefon: 507-523-8567. Schadensmeldungen: 507-523-8653/54/55

Adressen der jeweiligen Botschaften Ihres Landes entnehmen Sie bitte dem Anhang.

Ausweispflicht

Seit August 2008 gilt Ausweispflicht für Ausländer. Das heißt, als Ausländer müssten Sie theoretisch immer Ihren Reisepass (wegen des Einreisedatums) zur Hand haben. Da dies jedoch oft nicht praktikabel oder empfehlenswert ist, sollte zumindest eine Kopie mit der Seite des Einreisestempels mitgeführt werden.

Waffen

Waffen lassen sich in Panama sogar teilweise im Supermarkt kaufen – eine Situation, die stark an Amerika erinnert. So sieht man auch öfters an Banken ein kleines Schild, welches das Mitbringen von Waffen untersagt.

Kriminalität

Die Gefahr, Opfer eines Verbrechens zu werden, ist in Panama relativ gering. Kriminalität gegen Touristen und Ausländer ist im ganzen Land

Kriminalität

eher unüblich. Natürlich kann es auch hier zum Gelegenheitsdiebstahl kommen. Normale Sicherheitsvorkehrungen, die man auf jeder Reise treffen sollte, reichen aber aus.

Nicht nur in Panama City ist die Polizeipräsenz außergewöhnlich hoch und man begegnet fast überall Uniformierten. So hat z. B. fast jedes Dorf seine eigene Polizeistation, in der die *Policia Nacional* stationiert ist. Die Aufgabenbereiche und das Können dieser Beamten reichen jedoch meist nicht über Patrouillen und die Wahrung des öffentlichen Friedens hinaus. Aufgrund der hohen Präsenz gestaltet sich im Grunde der nächtliche Heimweg vom Restaurant oder der Diskothek zurück zum Hotel oder in die Wohnung recht sicher. Jedoch sollte man auch hier in einigen Stadtteilen die Seitenstraßen meiden.

Generell ist die Polizei sehr freundlich und Touristen und Ausländern gegenüber hilfsbereit. Bedenken Sie jedoch immer die Grundregeln der Etikette (siehe Kapitel Land und Leute). So kann es sein, dass Sie durchaus nicht nur ermahnt werden, wenn Sie beispielsweise ohne T-Shirt oder mit Alkohol in der Öffentlichkeit gesehen werden.

Weiterhin ist es in Panama üblich, dass in Banken und größeren Geschäften bewaffnetes Sicherheitspersonal die Eingänge bewacht. Die Prüfung mit Metalldetektor und Handtaschencheck ist vor allem bei Banken die Regel.

In Panama-Stadt muss in einigen Stadtteilen mit Gewaltkriminalität gerechnet werden. Mit ein wenig „common sense" versteht es sich von selbst, dass man gefährliche Gegenden meidet und nicht unbedingt mit seinem Reichtum wirbt. Sie sollten daher auf offener Straße keinen auffälligen Schmuck tragen. Auch Ihr Geldbeutel sollte niemals voll mit Scheinen sein. Tragen Sie immer nur ausreichend und niemals zu viel Bargeld bei sich. Außerdem ist es empfehlenswert, immer ein paar Münzen und einzelne Dollarscheine in der Tasche zu haben, um bei kleineren Zahlungen das Portemonnaie nicht zücken zu müssen. Insbesondere nachts sollten Sie folgende Gebiete meiden, denn sie bergen ein zu großes Risiko, Opfer von Raubüberfällen zu werden:

8. Sicherheit, Justiz, Behörden

- *in Panama-Stadt*: El Chorrillo, Curundú, Río Abajo, San Miguelito, Santa Ana, Calidonia, San Felipe (= Casco Viejo)
- *außerhalb*: Colón (auch tagsüber)

Bei nächtlicher Ankunft am Internationalen Flughafen Tocumen ist bei der Auswahl eines Taxis besondere Vorsicht geboten, da mehrfach Überfälle auf Taxis zu verzeichnen waren. Am Taxistand in der Eingangshalle des Flughafens können registrierte Taxis angefordert werden, was die sicherere Variante darstellt.

Auch in anderen, eigentlich als sicher geltenden Stadtteilen wie etwa Bella Vista ist Vorsicht angezeigt, da es zu vereinzelten Überfällen, insbesondere in der Umgebung der Calle Uruguay, kam. Harmlos erscheinende Kontaktaufnahmen können sich als Ablenkungsmanöver entpuppen. Bitte verschließen Sie sich aber nicht (vor allem außerhalb der Stadt) den meist einfach nur freundlich gemeinten Annäherungen der Panamaer.

Das Interesse an Ausländern (verallgemeinernd den Gringos) ist groß, und die meisten Menschen genießen es einfach nur, ein bisschen Smalltalk zu betreiben, ein paar Fragen zu stellen, um am Abend der Familie etwas Spannendes erzählen zu können.

Am Río Chagres, in der Ruinenstadt Panamá Viejo und auf der touristischen Karibik-Insel Isla Bastimentos ist es zu bewaffneten Raubüberfällen gekommen. Sollte Ihnen etwas zustoßen, denken Sie immer daran, kooperativ zu sein. Letztendlich sind es nur materielle Dinge, die geraubt werden und im Nachhinein meist ersetzbar sind.

Im Osten und Süden der Urwaldprovinz Darién, insbesondere im Grenzgebiet zu Kolumbien, bestehen hohe Sicherheitsrisiken. Es wird dringend davon abgeraten, sich dort aufzuhalten. Abgesehen von der prekären Gesundheitslage (u. a. Cholera, Malaria) operieren in Darién illegale bewaffnete Gruppen aus Kolumbien. Eine Existenzgründung in diesen Gebieten ist trotz schönster Strände, unbeschreiblicher Vielfalt der Natur und extrem niedrigen Grundstückspreisen definitiv nicht zu empfehlen.

Drogenschmuggel

Panama ist leider ein Durchgangsland für Drogenschmuggel. Aus Kolumbien werden immer wieder größere oder große Mengen an Kokain und Marihuana an Panamas Stränden angelandet, um in die Vereinigten Staaten weitertransportiert zu werden.

Die Wasserwacht und die PTJ haben ein verstärktes Auge auf verdächtige Fahrzeuge und Personen.

Naturkatastrophen

Panama kann in der karibischen Wirbelsturm-Saison (Juni bis November) von Sturmausläufern betroffen werden. Im November 2008 kam es zu starken Überschwemmungen in den Provinzen Chiriquí und Bocas del Toro. Einige Inseln waren zeitweise von der Außenwelt abgeschnitten. Oft ist eine leichte Erdbebentätigkeit zu verzeichnen, die jedoch meist über einen kleinen Wackler nicht hinausgeht.

Besondere strafrechtliche Bestimmungen

Drogenbesitz und -handel sind auch in Panama strafbare Delikte und werden von den einheimischen Behörden verfolgt. Bei Festnahme ist auch bei kleinen Mengen mit drastischen Haftstrafen im Land zu rechnen. Selbst bei bloßem Verdacht auf Mitführung illegaler Substanzen ist mit einer Verhaftung durch die Polizeibehörden zu rechnen. Die darauffolgende Überprüfung kann unter Umständen mehrere Tage in Anspruch nehmen. Während dieser Zeit ist eine Inhaftierung die Regel.

9. Kapitel:

ERSTE REISE ZUM KENNENLERNEN

Checkliste

Was sollten Sie mitnehmen, was können Sie getrost zuhause lassen?

- Taschenlampe
- Moskitospray, evtl. Moskitonetz
- Bargeld, Kredit- (mit PIN) und EC-Karten
- Reise/Sprachführer
- Sonnenschutz (Hut, Sonnencreme, evtl. T-Shirts mit Lichtschutzfaktor, Ausrüstung zum Schnorcheln, Surfen, Baden)
- Fotoausrüstung (mit genug Speicherplatz für Fotos, evtl. externe Festplatte), Ersatzbatterien
- evtl. Feldstecher
- Uhr mit Wecker
- evtl. Traveller-Schecks (teilweise jedoch schwierig einzulösen)
- Kopie der Reisedokumente (evtl. auch im Internet abgespeichert und somit immer abrufbar)
- Führerschein (falls ein Leihauto gemietet werden soll)
- Klebeband (Gaffa)
- Nähzeug
- Taschenmesser mit Korkenzieher

Reiseapotheke

In Ihrer Reiseapotheke sollte sich Folgendes befinden:

- Breitbandantibiotikum
- Durchfallmittel
- evtl. Malariaprophylaxe
- Salbe gegen Insektenstiche (hier hilft auch Alkohol)

Bei Verletzungen:

- Desinfektionsspray
- Mull
- Jodcreme
- Pflaster

Denken Sie daran, auch kleine Verletzungen gut zu versorgen, um Infektionen zu vermeiden.

Den Personalausweis können Sie getrost zuhause lassen. Der Einreisestempel im Pass ist das, was zählt!

Kontaktlinsenträger sollten auf jeden Fall Extraflüssigkeit mitnehmen.

Euros sind in Panama fast nur in der Hauptstadt zu wechseln und können deshalb auch daheim bleiben.

Empfehlung: Zeit nehmen

Bei Ihrer ersten Reise, die Sie nach Panama unternehmen, um das Land kennenzulernen, würde ich Ihnen empfehlen, sich auf jeden Fall ausreichend Zeit für Erkundungen des Landes zu nehmen. Sie sollten so viele Teile des Landes wie möglich kennenlernen, verschaffen Sie sich einen Überblick über die verschiedenen Regionen. Ein Mindestaufenthalt von drei Wochen sollte auf jeden Fall eingeplant sein, besonders lang ist auch das allerdings nicht. Bedenken Sie, dass, obwohl die Entfernungen in Panama nicht groß sind, man trotzdem, um von einem Ort zum anderen zu gelangen, viel Zeit aufwenden muss – vor allem, wenn man mit dem Bus reist oder dazu neigt, sich zu verfahren.

Verlieren Sie sich nicht in Details, auch wenn Sie sich schon entschieden haben, dass Panama das Land Ihrer Zukunft ist. Das Ziel, schon bei der ersten Reise (sofern Sie nicht Monate Zeit haben) die richtige Gegend und auch noch ein Stück Land zu finden, das für Sie perfekt ist, erfordert viel Glück und verleitet Sie zu überstürzten Entscheidungen.

Reiseführer

Es gibt eine große Auswahl an Reiseführern, deren Mehrzahl sich jedoch in den bisherigen Auflagen als schlecht recherchiert und veraltet erweist:

- *Lonely Planet* (in Englisch) – normalerweise die „Bibel" der Rucksackreisenden – ist in den bisherigen Auflagen nur wenig informativ oder schlichtweg veraltet. Die neue Auflage 2011 soll jedoch grundlegend überarbeitet werden.
- *Reise-Know-how Panama* – bietet extrem viel Hintergrundwissen und geschichtliche Informationen, ist in den Bereichen Hotellnformationen und -bestand sowie Auflistung anderer touristischer Aktivitäten jedoch wenig aktuell.

Versuchen Sie sich immer die neuesten Auflagen zu beschaffen und reisen Sie mit offenen Augen. Es existiert auch eine Welt außerhalb der Reiseführer, speziell in einem so schnell wachsenden und sich entwickelnden Land wie Panama.

Wie schon erwähnt, sollte auch die Internetrecherche nur ein Detail Ihrer Reiseplanung sein: Lassen Sie sich auch mal treiben, vielleicht stoßen Sie ja auch mal zufällig auf ein bisher unentdecktes Juwel?

Gerade diejenigen Orte, die in keinem Reiseführer auftauchen, können für den Öko-Tourismus ein enormes Potenzial bieten!

Anreise

Die Anreise aus Europa oder Amerika gestaltet sich einfach, leider oft aber nicht besonders kostengünstig. Bei der Anreise ist grundsätzlich darauf zu achten, einen noch mindestens sechs Monate gültigen Reisepass zu besitzen. Vermeiden Sie Ärger und Kosten, indem Sie frühzeitig checken, ob Ihr Pass diese Voraussetzungen erfüllt. Bei der Anreise über Land via Costa Rica wird des Öfteren ein gültiges Rückreiseticket und der Nachweis von mindestens $ 500 verlangt. Im Normalfall sollte die Vorlage einer Kreditkarte ausreichen, oft wird jedoch (vor allem bei offensichtlichen Touristen) nicht einmal nachgefragt. Falls Sie vorhaben, länger als 90 Tage in Panama zu bleiben (nach den neuen Gesetzen sind es 180 Tage; dies wurde uns in der deutschen Botschaft mündlich bestätigt, ein offizielles Schreiben gibt es aber hierzu noch nicht – Stand Oktober 2010), achten Sie darauf, dass Sie bereits vor Abreise an Ihrem Heimatflughafen ein Rückflugticket, ein Busticket nach Costa Rica oder einen Billigflug außer Landes vorweisen können, sonst kann Ihnen der Flug verweigert werden.

Flugzeug

Panama verfügt über zwei internationale Flughäfen: Tocumen International Airport in der Nähe von Panama City (ca. 20 Min. mit dem Taxi vom Stadtzentrum entfernt) und über den internationalen Flughafen in David, der jedoch nur von Costa Rica aus angeflogen wird.

Eine Erweiterung des bestehenden Flughafens in David oder die Neuerrichtung eines internationalen Flughafens im Landesinneren sind jedoch auch im Gespräch.

Die panamaischen Airlines *Copa* und *Aeroperlas* bieten zahlreiche nationale und internationale Verbindungen.

Die meisten europäischen Touristen, die mit dem Flugzeug anreisen, werden also in Panama-Stadt ankommen. Von Europa fliegt zurzeit nur *Iberia* von Madrid aus oder *KLM* über Amsterdam direkt nach Panama. Wer nicht mit einer dieser Fluglinien fliegen will, kann z. B. mit *Lufthansa*, *Air France* oder *Delta* über die USA nach Panama fliegen.

Regelmäßige Direktflüge gibt es aus vielen Mittel- und südamerikanischen Ländern und den Vereinigten Staaten (z. B. ist als sehr günstiger Anbieter Spirit-Airlines zu erwähnen, von Fort Lauderdale ca. $ 120).

Bahn

Eine Anreise mit der Bahn ist nicht möglich.

Bus

Die Anreise mit dem Bus (z. B. *Ticabus*) aus Costa Rica ist sehr beliebt und auch problemlos möglich. Nur die Grenzkontrollen sind meistens strenger und vor allem zeitaufwendiger als auf dem Flughafen.

Auto

Mit dem Auto kann man ebenfalls aus Costa Rica anreisen, jedoch nicht mit dem Mietwagen. Am besten fährt man über den Grenzübergang in Paso Canoas. Der Grenzübergang ist täglich von 7.00 bis 23.00 Uhr geöffnet, wobei sich die Zeiten aber auch ändern können. Wenn Sie ein Auto einführen, erhalten Sie einen Stempel in Ihrem Pass. Wenn Sie wieder ausreisen wollen, das Auto aber in Panama verkauft haben, müssen Sie evtl. dem panamaischen Zoll Rechenschaft über den Verbleib des Autos ablegen.

Schiff

Von Europa aus verkehren regelmäßig Containerschiffe nach Panama, die Überfahrt dauert etwa drei Wochen und ist relativ teuer. Nähere Informationen gibt es z. B. beim Hamburger Unternehmen *Margis*, Tel.: 0049 (040) 8512860.

Eine Anreise mit dem Schiff ist auch von Kolumbien aus möglich. Es gibt viele Frachtschiffe, die Passagiere gegen Bezahlung mitnehmen. Es sei jedoch davor gewarnt, dass es sich manchmal um Drogentransporte oder Transporte illegaler Einwanderer handeln kann. Wird so ein Schiff von der Polizei aufgegriffen, dann sind die Chancen, an einem Gefängnisaufenthalt vorbeizukommen, auch für Touristen sehr gering. Egal, ob man von den Drogen etwas wusste oder nicht.

Es gibt jedoch eine Alternative zu den „Drogenschiffen": In manchen Unterkünften, vor allem in Jugendherbergen, findet man professionelle Anbieter oder aber auch immer wieder Annoncen von Reisenden, die mit dem privaten Segelschiff nach Kolumbien reisen und Mitfahrer suchen.

Ziele

Um sich einen Überblick über das Land zu verschaffen, hier eine Liste der Hauptreiseziele und Nationalparks innerhalb des Landes:

- Bocas del Toro – Inselgruppe vor der Karibikküste, die durch Korallenriffe geschützt ist (gutes Tauch- und Surfrevier).
- Isla Taboga – Insel, eine Bootsstunde von Panama-Stadt entfernt.
- Archipel San Blas (Kuna Yala) – Inselgruppe im Nordosten des Landes an der Karibikküste, bestehend aus 365 Inseln.
- Boquete – Kleinstadt im Hochland, nördlich von David. Bekannt wegen des kühlen Klimas und als Kaffeeanbaugebiet, höchste Konzentration von Ausländern (vor allem Nordamerikaner) außerhalb Panama Citys.
- Kanalgebiet mit Miraflores Schleusen – etwa 10 km von Panama-Stadt entfernt, mit Besucherzentrum, Aussichtsplattform und Museum.
- El Valle – touristisch sehr gut erschlossene Berglandschaft westlich von Panama-Stadt; in einem Vulkankrater gelegenes Hochtal mit einem angenehmen Klima und zahlreichen Ausflugszielen.
- Halbinsel Azuero – die Gegend ist intensiv landwirtschaftlich genutzt, bietet aber zahlreiche sehenswerte Kleinstädte und archäologische Fundstellen sowie ausgedehnte und teilweise verlassene Strände und Surfspots.
- Natá – kleines Provinzstädtchen mit sehenswerter Kirche. Natá ist eine der ältesten Städte in Panamá.

- Santa Catalina – beschauliches Fischerdörfchen am „Ende der Welt", Ausgangspunkt für Tauch- und Schnorchelausflüge in den Nationalpark Isla Coiba und Heimat einer der besten Surfwellen Mittelamerikas.
- Santa Fe de Veraguas – Bergdörfchen, das bisher nur wenig vom Tourismus entdeckt wurde und so ein beschauliches Naturerlebnis und Wanderungen ohne *Gated Communities* und Touristenströme bietet.
- El Cano – als Freilichtmuseum eingerichtete archäologische Fundstelle mit kleinem Museum nahe Natá: Es handelt sich um ein Heiligtum und einen Bestattungsplatz aus präkolumbischer Zeit. Archäologische Grabungen erbrachten eine Pferdebestattung sowie spanische Keramikfunde, die noch in die Jahre vor der Entdeckung des „Südmeeres" durch Balboa 1513 gehören.

Nationalparks in Panama

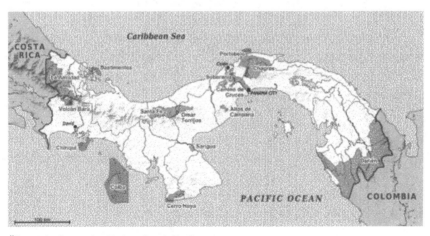

Übersichtskarte der Nationalparks in Panama

Die 15 Nationalparks Panamas werden durch die panamaische Umweltbehörde *Autoridad Nacional del Ambiente* (ANAM) im nationalen Schutzgebietsystem *Sistema Nacional de Áreas Protegidas* (SINAP) verwaltet. Das SINAP umfasst zurzeit 64 Schutzgebiete mit einer Gesamtfläche von 2.600.018 ha, was ca. 34,4 % der Fläche Panamas entspricht.

Reiseroute

Ich würde Ihnen vorschlagen, sich vor Reisebeginn Antworten auf folgende Fragen zu überlegen:

Welche Regionen sind mir wichtig? Welches Klima? Bevorzuge ich eher die Berge oder die Küsten als möglichen Ort zum Leben?

Das ganze Land – auch wenn es klein ist – in kurzer Zeit kennenzulernen, ist unmöglich. Um möglichst viel zu sehen, empfiehlt es sich, die Reiseroute in Form einer Rundreise anzulegen.

Da sich der internationale Flughafen in Panama City befindet, haben wir für die Mehrzahl der Reisenden schon einen mehr oder weniger festgelegten Startpunkt der Reise.

Planen Sie einige Tage für Panama City ein, um die Sehenswürdigkeiten der Stadt zu sehen (siehe Kapitel Panama City). Versorgen Sie sich hier mit allem Nötigen und evtl. allem, was Sie vergessen haben (siehe auch Check-Liste weiter vorne). Falls Sie planen, in die Gegend Darién zu reisen, besorgen Sie sich evtl. fällige Erlaubnisse, Führer, Expeditionsausrüstung etc.

Ansonsten starten Sie nach ihrem Aufenthalt in Panama City am besten in Richtung Westen oder planen noch einen Abstecher in den Norden, Richtung Colón, Portobelo etc. ein, sofern Sie an den karibischen Küsten interessiert sind. Auch ein Besuch der San-Blas-Inseln ist empfehlenswert und von Panama City leicht zu realisieren.

Die normale Touristenreiseroute führt von Panama City auf der *Panamericana* in das nur ca. zwei Stunden entfernte Bergdorf El Valle de Anton. Verbringen Sie einige Tage in einem der zahlreichen Hotels und Pensionen, wandern Sie und genießen Sie die frische und „kühle" Bergluft.

Von El Valle zieht es die meisten Reisenden nun an die Pazifikküste der Region.

Hier finden Sie auch die großen Hotelketten wie das *Decameron*, das *Playa Blanca Resort* und andere. In den an der Küste verstreut liegenden kleinen Dörfchen in der Nähe der Hauptstadt findet man eine relativ gute und touristisch erschlossene Infrastruktur.

Von hier aus geht es weiter in Richtung Los Santos, Chitré auf die Halbinsel Azuero. Sie werden staunen über die Anzahl der „Zu verkaufen"-Schilder und der Grundstücksmakler, die den Immobilienmarkt bereits fest im Griff haben. Schnell bekommt man hier den Eindruck (der allerdings auch ziemlich dicht an der Wahrheit liegt), dass ganz Panama zum Verkauf steht.

Je weiter Sie sich von der Zivilisation entfernen (Richtung Tonosi, Cambutal, an die Südküste der Halbinsel), desto weniger touristisch entwickelt ist das Land und die fehlende Infrastruktur (schlechtere Straßen, kein Strom, kein Handy-Empfang) macht sich bemerkbar.

Dafür können Sie wunderschöne Küsten, die sich teilweise aber nur mit eigenem Auto (und Vierradantrieb) oder aber auch nur per Boot erkunden lassen, erleben.

Hier ist man auch noch in der Lage, spektakuläre Küstengrundstücke zu unglaublich niedrigen Preisen zu erwerben, die zwar meist riesig (mehrere hundert Hektar), jedoch schlecht bis gar nicht zu erreichen oder zu erschließen sind.

Haben Sie die Azuero-Halbinsel erkundet, geht es wieder zurück zur *Panamericana* und weiter westwärts in Richtung Santiago de Veraguas. Hier haben Sie entweder die Wahl, wieder in die Berge (San Francisco, Santa Fé) zu reisen, zu wandern oder zu reiten (sehr viel weniger erschlossen als z. B. El Valle), oder Sie wenden sich wieder südwärts in Richtung der Strände der Gegend um Santa Catalina zum Surfen, Tauchen oder Schnorcheln im Nationalpark *Coiba*. Falls Sie in diese Gegend kommen, besuchen Sie uns doch einmal!

9. Erste Reise zum Kennenlernen

Ob Sie nun in den Bergen oder am Strand waren: Ihr weiterer Weg führt Sie fast zwangsweise (oder über eine extrem schlechte Straße direkt nach Tolé) wieder über Santiago, von dort in die Gegend um Las Lajas (weitere Pazifikstrände) oder gleich direkt nach David. Von David aus reist man entweder per Flugzeug oder Bus nach Bocas del Toro in der Karibik oder startet seinen Ausflug in die Bergwelt um Boquete.

Auch kann man von David relativ gut in das Grenzgebiet zwischen Panama und Costa Rica reisen. Die Halbinsel Nicoya ist noch relativ wenig erschlossen, bietet aber wunderschöne und teilweise unberührte Natur.

Je nachdem, wo Sie Ihre Reise beenden wollen (David oder Bocas), empfiehlt es sich, einen der günstigen nationalen Flüge zurück nach Panama City zu nehmen, um (vor allem aus Bocas) einer langen Rückfahrt vorzubeugen.

Reisen im Land

Was ist das beste Transportmittel, um innerhalb des Landes zu reisen?

Sie haben viele Möglichkeiten – je nach Zeit, Budget und Laune sollten Sie sich vielleicht für den Bus als Haupttransportmittel entscheiden. Mietautos können, um Kosten zu sparen, auch tageweise gemietet werden und müssen nicht unbedingt für Ihren ganzen Aufenthalt im Voraus geplant sein. Eine Kombination der verschiedenen Transportmittel verleiht Ihnen größtmögliche Flexibilität bei kleinem Preis.

Folgendes sollte man bedenken:

- Reisen Sie mit leichtem Gepäck oder werden Sie schwer bepackt sein?
- Wie sieht Ihr Budget aus?
- Wie lange ist Ihr Aufenthalt?
- Wie sieht die Reiseroute aus?

Mit dem Auto

Panamas Straßennetz ist einschließlich eines Abschnitts des *Pan-American Highway* 11.400 Kilometer lang. Die Straßen sind entweder (mit Mitteln aus Einkünften durch den Kanal) neu saniert, ganz neu oder aber in schrecklichem Zustand, wobei glücklicherweise die Straßen in gutem Zustand überwiegen.

Wer sich nicht in abgelegenere Gebiete wagt, ist mit einem Standard-Leihwagen (bei kleinen nationalen oder großen internationalen Anbietern wie Hertz, Sixt etc.) gut bedient (ab ca. $ 30 pro Tag). Wer etwas abseits unterwegs sein will, tut gut daran, sich zumindest die kleinste vierrad getriebene Klasse zu gönnen (ca. $ 45 pro Tag).

Autofahren in Panama ist grundsätzlich relativ problemlos. Die Straßen sind, wie schon oben beschrieben, für mittelamerikanische Verhältnisse relativ gut ausgebaut. Es kann aber – vor allem zwischen Mai und Oktober – immer wieder vorkommen, dass Straßen wegen Überschwemmungen gesperrt sind. Bei Unfällen ist auf jeden Fall die Polizei zu verständigen.

In der Nacht sollte man besser nicht fahren, wenn es sich vermeiden lässt. Viele Straßen sind nur sehr schlecht markiert, es befinden sich oft Tiere oder auch Menschen darauf und auch tiefe Schlaglöcher sind in der Dunkelheit nicht zu erkennen.

Fahren Sie grundsätzlich vorsichtig, denken Sie für die anderen Verkehrsteilnehmer mit und erwarten Sie nicht allzu viel von den Fahrkünsten der meisten Autobesitzer (siehe auch Verkehr, Kapitel Land und Leute).

Beachten Sie bitte, dass bei Leihwagen eine relativ hohe „Drop-off"-Gebühr anfällt, wenn Sie diese z. B. in der Hauptstadt leihen und in David zurückgeben.

Taxi

Taxis sind in größeren Orten fast überall zu finden und bringen einen kostengünstig (ab 1 $) an den gewünschten Zielort.

Ist dieser jedoch abgelegen, sollte man sich schon im Voraus Gedanken über die Rückfahrt machen und einen eventuellen Abholtermin vereinbaren. In Panama-Stadt sollten Sie, statt sich mit einem Mietauto ins Getümmel zu stürzen (siehe Verkehr), lieber auf Taxis zurückgreifen. Oft schadet es nicht, den Preis im Voraus abzusprechen, um böse Überraschungen (der altbekannte „Gringopreis") zu vermeiden.

Eisenbahn

Das Land verfügt über rund 450 Schienenkilometer. Die Hauptstrecke der Eisenbahn (und gleichzeitig die einzige mit touristischer Nutzung) verläuft quer durch den Isthmus und verbindet die Stadt Cristóbal an der Karibik mit Panama-Stadt am Pazifik. Auf dieser Strecke werden hauptsächlich Güter transportiert, seit 2001 betreibt die *Panama Canal Railway Company* (www.panarail.com) auch einen Passagierzug. Dieser fährt von Montag bis Freitag täglich jeweils einmal die Strecken Panama-Stadt – Colón (7.15 Uhr) und Colón – Panama-Stadt (17.15 Uhr). Eine einfache Fahrt kostet 22 Dollar, die Hin- und Rückfahrt kosten 35 Dollar. Zum Vergleich: Das einfache Flugticket zwischen beiden Städten kostet 45 Dollar (incl. Tax) und der Bus (Express) 2,50 Dollar. Die Bahnfahrt ist zwar relativ teuer, jedoch ein touristisches Highlight. Sie führt am Kanal und den Schleusen entlang, zeitweise fährt man durch dichten Dschungel und über den Lake Gatun. Die Fahrt dauert eine Stunde und ist für Tagesausflüge durchaus zu empfehlen.

Schifffahrt

Der Panamakanal verbindet das Karibische Meer mit dem Pazifischen Ozean. Die größten Häfen des Landes sind Balboa, Cristóbal, Bocas del Toro, Almirante und Puerto Armuelles. Die Handelsflotte von Panama ist zur Zeit mit 6184 Schiffen die größte der Welt, was allerdings auf die Praxis der Ausflaggung zurückzuführen ist: Fast alle hier registrierten Schiffe befinden sich in ausländischem Besitz und sind mit ausländischen Mannschaften besetzt. Viele Segler und Freizeitkapitäne zieht es in die

Gegend um Panama. Wundervolle Segelreviere, Tauch- und Surfspots, die fast nur per Boot zu erreichen sind, gibt es in Hülle und Fülle. Einzig Nachschubwege für längere Touren müssen gut geplant sein, da insgesamt im privaten Bootssektor wenig Infrastruktur besteht (vor allem auf der Pazifikseite).

Das Reisen mit dem Schiff hat in Panama eine große Bedeutung. Es gibt viele Inseln, die nur mit einem Linienschiff oder mit Wassertaxis zu erreichen sind. In der Karibik führen einen auch Fischer mit ihren Booten von einer Insel zur anderen.

Flugverkehr

In der Nähe der Stadt Panama liegt der internationale Flughafen *Aeropuerto Internacional de Tocumen* (PTY). Außerdem befindet sich in der ehemaligen Kanalzone in unmittelbarer Nähe des zentralen Busterminals der Regionalflughafen *Marco A. Gelabert*. Von dort aus erreicht man Provinzhauptstädte wie David (Chiriquí) oder Changinola und Isla Colón (Bocas del Toro). Die Inlandfluggesellschaften sind *Aeroperlas Regional* (zur Grupo TACA gehörend), *Copa Airlines* und die private *Air Panama*, die über ein relativ dichtes Streckennetz verfügen und nahezu sämtliche Regionen in Panama anfliegen. Wegen der geringen Größe des Landes sind die Flüge auch relativ günstig.

Bus

Das Bussystem in Panama funktioniert sehr gut und es wird nahezu jeder Ort von Bussen angefahren. Richtige Busstationen – sogenannte „Terminales" – gibt es nur in größeren Städten, wie Panama-Stadt oder David. In kleineren Städten genügt meist ein kleines Dächlein mit Kiosk als Station oder man muss sich erkundigen, auf welcher Straße man Busse stoppen kann. Ein Handzeichen genügt, und die Busse bleiben stehen. Aussteigen kann man unterwegs ebenfalls überall, man muss lediglich „Parada, por favor!" („Haltestelle, bitte") rufen. Wenn man in eine fremde Stadt fährt, sollte man dem Busfahrer ungefähr sagen, wohin man möchte, damit er einem dann den besten Ausstiegspunkt zeigt. Wer ohne Mietauto in Panama herumreist, wird an Bussen nicht vorbeikommen.

Die Fahrten sind sehr günstig: Kurze Strecken innerhalb von Orten kosten 0,50 Dollar (Balboa). Zu zahlen hat man, wenn man aussteigt. Für längere Strecken mit Überlandbussen kann man die Tickets in der Regel im Voraus am Busbahnhof kaufen – je nach Distanz kosten sie zwischen 5 und 25 Dollar.

Einkaufen

In Panama-Stadt ist das Einkaufen grundsätzlich kein Problem. Die Einkaufsmöglichkeiten (leider aber auch die Preise) unterscheiden sich kaum von denen in europäischen oder amerikanischen Städten.

Einkaufszentren/Supermärkte

Es gibt mehr als ausreichend viele Einkaufszentren (Malls in sehr amerikanischem Stil) in jedem Teil der Stadt; Dinge des täglichen Gebrauchs findet man überall in Kiosken und kleinen Geschäften, genannt „Mini Super". Einschränkungen muss man nur bei speziellen Artikeln hinnehmen. Hierzu gehören Heimwerkerartikel, in Europa übliche Speisen, Getränke und Gewürze (z. B. Hartkäse, manche Fruchtsäfte) sowie Hygieneartikel.

Auch auf dem Land findet man Supermärkte, in denen man Artikel für den täglichen (panamaischen) Bedarf bekommt. In sehr abgelegenen Dörfern findet man jedoch meist nur das Notwendigste, manchmal aber auch nicht einmal das.

Planen Sie daher voraus! Es schadet auch nie, ein paar Kekse oder eine Dose Thunfisch und Brot bei sich zu haben, wenn Sie einmal irgendwo weitab von der Zivilisation stranden und Sie bei längeren Wartezeiten der Hunger überfällt.

Souvenirs

Beliebte Souvenirs sind vor allem die *Mola*, Hängematten und der Panamahut. Die Mola ist eine handgemachte Stickerei, die die Blusen der Kuna-Indianer verschönert. Die Kuna bieten die Mola in ganz Panama an, appliziert beispielsweise auf Taschen oder Kissen, oder lose als Stoffrechtecke, die sich zum Rahmen und Aufhängen sehr gut eignen.

Ein beliebter Platz, um die Mola und andere Handarbeiten zu kaufen, ist El Valle oder Panama City.

Der Panamahut, der eigentlich aus Ecuador stammt, wird in ganz Panama verkauft und ist die traditionelle Kopfbedeckung der Männer.

Restaurants/Imbisse

Die traditionellen einheimischen Straßenrestaurants „Fondas" finden sich fast überall (häufig in der Nähe von Bushaltestellen) und bieten sehr preisgünstige Mahlzeiten mit reichlich Reis und Fleisch an. In Großstädten dagegen bestimmen internationale Fastfoodketten und auch zum Teil exklusive Restaurants das Bild.

Unterkunft

Panama bietet Hotels für jeden Geldbeutel. Von den internationalen Luxusketten bis hin zu einfachen Hostels und Backpackers: Alles ist in Panama zu finden. Vor allem in der Hauptstadt gibt es etliche Hotels und somit eine große Auswahl an Unterkünften. Aber auch im Landesinneren herrscht keine Knappheit an Hotelzimmern. Eine Vorreservierung ist normalerweise nicht nötig, kann aber unter Umständen hilfreich sein. Nur in der unteren Preisklasse wird es manchmal knapp, sofern man ein Minimum an Sauberkeit und Service erwartet. Ausnahme hierbei sind jedoch spezielle Daten wie Karneval, Ostern und Weihnachten. Vor allem

9. Erste Reise zum Kennenlernen

an ersterem Termin ist ganz Panama auf den Beinen und Hotels sind teilweise schon Monate vorher ausgebucht. Auch auf den Inseln von Bocas del Toro sollte man vorreservieren, denn dort ist immer relativ viel los und zu manchen Zeiten können Hotelzimmer dann zu Mangelware werden.

Die Qualität der Hotelzimmer ist meistens in Ordnung. In der Hauptstadt sollte man aber aufpassen, dass man sich nicht in ein Stundenhotel verirrt. Diese gibt es nämlich relativ häufig und für Übernachtungen sind sie nicht gerade kostengünstig (siehe Push, Kapitel Land und Leute).

Genießen Sie Ihren ersten Aufenthalt, lassen Sie Land und Leute auf sich wirken und beurteilen Sie möglichst objektiv:

Wäre dieses Land wirklich eine Option für mich?

10. Kapitel:
GESCHÄFTSGRÜNDUNG

Vor allem in den ersten Jahren werden Sie viel Durchhaltevermögen und eine hohe Frustrationsschwelle haben müssen. Je nach Größe und Ziel Ihres Geschäftsvorhabens werden sich Ihre freien Tage an wenigen Fingern abzählen lassen.

Die meisten Daheimgebliebenen werden den Eindruck haben, dass Sie hier in Panama sowieso nur in der Hängematte schaukeln und es sich gut gehen lassen. Ja, Sie werden in einem Land wohnen, in das andere Leute zum Urlaub machen fahren – aber Urlaub für Sie? Fehlanzeige!

Vor allem ein Business in der Tourismusindustrie ist extrem zeitaufwendig, verspricht aber gute Expansionsmöglichkeiten und Erträge.

Die fehlenden freien Tage lassen sich nicht nur auf ein hohes Arbeitspensum zurückführen. Jede Minute, die Sie nicht persönlich anwesend sind, wird Sie kosten. Niemand erledigt Ihre Aufgaben genau so, wie Sie sie erledigen würden! Ihre Interessen sollten Sie daher am besten selbst vertreten.

Angestellte (auch die besten) sind niemals so mit Ihrem Business verwoben wie Sie selbst. Müssen oder wollen Sie einen Partner aufnehmen, oder planen Sie mit Freunden oder Bekannten ein Geschäft zu eröffnen, dann sollten Sie (und das nicht nur in Panama) einen möglichst detaillierten Vertrag aufsetzen.

Alles, was eventuell passieren kann, sollte möglichst präzise abgeklärt werden. In jedem Falle sollte man Ausstiege oder die Aufteilung aller eventuell geschaffenen Werte (Immobilien etc.) regeln, um späteren Problemen vorzubeugen. Auch wenn Sie die besten Freunde sind oder den verlässlichsten Partner haben: Tun Sie sich den Gefallen, sprechen Sie offen und ehrlich über mögliche Krisenfälle.

Haben Sie bereits Ihre Geschäftsidee, Ihren Businessplan?

10. Geschäftsgründung

Dann kann es ja sofort losgehen!

Als Erstes: Suchen Sie sich einen Anwalt Ihres Vertrauens. Lassen Sie sich hierfür Anwälte empfehlen, vergleichen Sie Preise und beurteilen Sie auch nach dem Persönlichen, denn Sie werden noch viel mit diesem Menschen zu tun haben! Kalkulieren Sie auch die laufenden Kosten ein und erkundigen Sie sich nach den bestehenden Tarifen (S.A. ca. $ 350, Anwalt ca. $ 250 p. a., Steuern, Buchhalter).

Konto eröffnen

Um ein Konto in Panama zu eröffnen, benötigen Sie ein apostilliertes und übersetztes Empfehlungsschreiben der Bank des Heimatlandes und möglicherweise der panamaischen Bank, wo Sie eventuell bereits ein Privatkonto führen. Weiterhin brauchen Sie ein apostilliertes und übersetztes Führungszeugnis sowie Belege des Aufenthalts (z. B. Stromrechnung etc.).

S.A. (Sociedad anonyma) anmelden

Sprechen Sie mit Ihrem Anwalt über die Formalitäten einer Eintragung ins Geschäftsregister und die Gründung Ihrer Panamaischen Gesellschaft.

Internetdomain reservieren

Haben Sie etwas anzubieten – egal, ob einen Service oder Produkte –, dann werden Sie eine eigene Website brauchen. Registrieren Sie sich daher frühzeitig für die gewünschte Domain und beauftragen Sie am besten einen Experten mit der Erstellung der Seite.

Genehmigungen einholen

Erkundigen Sie sich bei möglichst vielen verschiedenen Personen über eventuell nötige Genehmigungen. Können Sie bei einer Inspektion eine Genehmigung nicht vorweisen, von der Sie eventuell nicht einmal wussten, dass man sie haben muss, kann man Sie mit empfindlichen Strafen belegen oder es können Verzögerungen entstehen.

Merken Sie sich diesen Grundsatz: Das Land und die Kultur werden sich nicht für Sie ändern! Passen Sie sich also an und schaffen Sie sich Ihre Nische.

Unsere Erfahrung lehrte uns, dass man sich nicht übernehmen darf. Fangen Sie klein an und planen Sie ständig zu erweitern, so können Sie mit der Nachfrage und Ihren Aufgaben wachsen und vermeiden, dass Ihnen die Projekte über den Kopf wachsen.

Langfristige Planungen mit „Meilensteinen" geben Ihnen die Möglichkeit, Ihre Fortschritte zu kontrollieren. Im Idealfall verdienen Sie anfangs nur anteilig am Gewinn des Unternehmens, reinvestieren stetig und halten sich ein kleines oder auch etwas größeres Finanzpolster bereit, um gegen alle Eventualitäten gewappnet zu sein.

Verschulden Sie sich nicht, zumindest nicht bei den Banken. Ganz abgesehen davon, dass die Zinsen horrend sind und Kredite an Ausländer ungern (und wenn, dann nur als Hypothek auf Ihren Grundbesitz) gegeben werden – durch Zinslasten kann sich gewaltiger Druck aufbauen. Hat man dann mal einen oder zwei weniger erfolgreiche Monate im Geschäft, stehen die Banken schnell vor der Tür und zögern auch nicht, Ihren Besitz weit unter Marktwert zu verkaufen, wenn Sie Ihren Zahlungen nicht nachkommen.

Bei einer Geschäftsgründung in Panama gestaltet sich alles immer schwieriger als geplant, dauert immer länger als erwartet und erhofft. So kann z. B. Buchhaltung für Unerfahrene extrem zeitaufwendig sein, darf aber keinesfalls vernachlässigt werden. Hierbei geht es auch eher weniger um offizielle Kontrollen als Ihr internes Controlling. Sie sollten immer wissen, wie viel Sie für was ausgegeben haben, wo Sie sich im Budgetplan befinden und vor allem, wie viel Sie einnehmen. Bereiten Sie sich stets darauf vor, flexibel handeln zu müssen und dann auch zu können.

Geschäftsidee

Ihnen fehlt noch immer die zündende Idee? Seien Sie beruhigt – Sie werden früher oder später Ihre Nische finden.

Grundsätzlich gilt:

Ideen, die daheim alt sind, sind hier durchaus noch als neu zu bezeichnen. Manchmal scheint es, als würde sich Panama immer noch in den achtziger Jahren befinden. Viele Trends, die in „zivilisierten" Ländern schon längst passé sind, sind hier teilweise noch nicht einmal angekommen. Halten Sie die Augen offen, lassen Sie sich inspirieren! Welche Geschäfte in Ihrer Heimatstadt boomen derzeit? Welche Idee funktioniert? Könnte man die Idee auch in die Tropen umpflanzen?

Businessplan

Ein Businessplan ist essentiell. Bitten Sie jemanden um Hilfe, der damit Erfahrung hat. Kennen Sie niemanden, der Ihnen behilflich sein kann, dann informieren Sie sich über das Internet, lassen Sie Ihre Gedanken schweifen und versuchen Sie, sich möglichst viele Details Ihres zukünftigen Business vorzustellen. Schreiben Sie Sich Ihre Gedanken auf! Auch so kann man Ideen konkretisieren, Strategien und Pläne entwickeln und verfeinern.

Bei der Entwicklung Ihrer Strategie denken Sie daran:

Wer sind Ihre Zielgruppen? Panama ist ein kleines Land. Im Vergleich zu Deutschland gibt es nur wenige Einwohner (das heißt, es existiert generell ein kleinerer Markt), weshalb Sie auf die angestrebten Verkaufszahlen achten sollten. Auch darf man nicht außer Acht lassen, dass es nur eine relativ kleine Mittel- und Oberschicht und dadurch nur beschränkte Geldmittel gibt. Wem wollen Sie was (z. B. im Handel oder Tourismus) anbieten?

Generell lassen sich viele kleine günstige Produkte in Panama leichter verkaufen als wenige und dafür sehr exklusive Objekte.

Spezialisieren Sie sich, werben Sie mit deutscher (oder österreichischer oder ...) Gründlichkeit und Zuverlässigkeit. Experten und Fachwissen sind gesucht und werden teils auch gut bezahlt. Doch bedenken Sie, dass das Land noch relativ wenig entwickelt ist und sich nicht jede Idee und jede Fertigkeit in Panama umsetzen und anwenden lassen (z. B. im Bereich E-Commerce).

Ansonsten dürfen Sie Ihrer Fantasie freien Lauf lassen. Es gibt nur wenige Dinge, die man in Panama nun wirklich gar nicht (mehr) braucht – dazu zählen beispielsweise Heizungszubehör, aber auch Callcenter, Immobilienmakler oder Rechtsanwälte.

Wenn Sie Tiere schützen wollen, konzentrieren Sie sich bitte auf gefährdete Arten. Eine Auswanderungsinteressierte fragte mich einmal nach den Möglichkeiten einer Hundeauffangstation. So etwas braucht es ganz sicher nicht in Panama, wo es in ländlichen Gegenden fast mehr Hunde als Menschen gibt.

Angestellte

Es ist essentiell, gute (detaillierte) Verträge zu entwerfen. Verstöße sollten Sie immer aufschreiben und gegenzeichnen lassen (Arbeitsrecht). Seien Sie mit Ihren Angestellten streng, aber auch flexibel, halten Sie gute Leute (die Gefahr von Abwerbung ist groß), aber sehen Sie zu, dass sich schlechte Arbeiter erst gar nicht bei Ihnen etablieren können. Je länger sie schon angestellt waren, desto schwieriger und teurer wird es, sie wieder loszuwerden.

10. Geschäftsgründung

Das Arbeitsrecht ist eher auf der Seite des Angestellten, Abfindungen und Entschädigungen für Arbeiter sind üblich, wenn sie „böswillig" entlassen werden.

Halten Sie Ordnung in Ihren Papieren und suchen Sie sich einen guten und günstigen Buchhalter, der Ihre Steuer übernimmt.

Vergessen Sie nicht die jährlich und monatlich fälligen Zahlungen (*Seguro Social*, Gewerbesteuer etc.), denn die Strafen für Versäumnisse sind teilweise sehr hoch.

11. Kapitel:

GRUNDSTÜCKSKAUF/IMMOBILIEN

Kaufen oder mieten? Je nach Vorhaben und Finanzplan sollten Sie sich eine passende Immobilie oder Bauland suchen.

Bestehende und geeignete Immobilien zu finden, gestaltet sich vor allem in ländlicheren Regionen eher schwierig. Manchmal bleibt einem nur die Möglichkeit, selbst zu planen und zu bauen.

Eventuell finden Sie auch ein interessantes Stück Land, das aber zu groß für Sie ist. Warum nicht (falls finanziell möglich) zugreifen und vielleicht später weiterverkaufen?

Planen Sie Ihr Budget und entscheiden Sie sich für eine angestrebte Grundstücksgröße.

Bedenken Sie die Nähe zu Attraktionen wie Stränden oder kulturellen Angeboten, die Umgebung und die Lage inmitten der Natur. Wo wollen Sie sein, wie wollen Sie leben? Das Leben auf dem Lande zum Beispiel ist nicht unbedingt für jeden etwas. Welche Infrastruktur benötigen Sie? Handeln Sie überlegt, lassen Sie Geduld und Vorsicht walten, treffen Sie keine überstürzten Entscheidungen.

Hier ein paar Tipps, die Ihnen helfen sollen, Fehler zu vermeiden und Geld zu sparen, wenn Sie in Panama eine oder mehrere Immobilien kaufen wollen:

Lage

Wer sind Ihre Nachbarn? Halten Sie genug Abstand, um mögliche Probleme zu vermeiden (siehe Kapitel Land und Leute, Lärm, Umweltverschmutzung)? Was wollen Sie machen, wie sehen Ihre Pläne aus? Benötigen Sie ein Haus zum Leben oder soll Ihr Haus vielleicht auch Ihr Geschäft beherbergen?

11. Grundstückskauf/Immobilien

Der richtige Platz ist essentiell – Verkehrsanbindung, Straßen, Brücken etc. können Ihr Geschick maßgeblich beeinflussen.

Denken Sie immer daran: Erschließungskosten können Grundstückspreise bei weitem übersteigen. Sind Sie beispielsweise gezwungen, eine endlose Zufahrtstraße zu bauen und zu erhalten, unterschätzen Sie niemals diesen Kostenfaktor.

Das Gleiche ist über Strom, Wasser etc. zu sagen.

Vorsicht ist bei Grundstücken geboten, die an Flüssen gelegen sind. Sie sind, wie auch Strandgrundstücke, als an steilen Abhängen gelegenes Eigentum schwerer zu erschließen und unsicherer wegen Sturmgefahr, Überschwemmungen und Fluten.

So manches Haus ist durch Bodenerosion schneller verschwunden, als man es sich vorstellen kann. Ein malerisches Bächlein in der Trockenzeit, aber ein tosender Fluss mit starkem Regen – und Ihr zukünftiges Haus steht unter Wasser. Sie sollten mindestens eine Höhendifferenz von zwei Metern zwischen Ihrem Haus und dem nächsten kleinen Bach oder Fluss einhalten.

Sehen Sie Sich um, nehmen Sie sich Zeit, wägen sie das Für und Wider einzelner Grundstücke gegeneinander ab. Versuchen Sie dabei, mögliche Risiken abzuschätzen, und unterschätzen Sie niemals die Naturgewalten.

Vermessung

Lassen Sie sich einen guten Landvermesser empfehlen (Agrimensor). Hierbei ist es extrem wichtig, erst nach Erhalt der fertigen Pläne den vollen Preis zu zahlen.

Sollten Sie daran interessiert sein, ein Grundstück zu kaufen, das nicht getitelt ist, ist eine Vermessung ein Muss, um den Titel erhalten zu können. Auch bei bereits getitelten Grundstücken ist es manchmal (vor allem bei sehr alten Plänen) nötig oder empfehlenswert, neu zu vermessen, um Größenangaben der Pläne, Lokalisation etc. zu überprüfen und zu bestätigen.

Grundsätzlich gilt:

Je weiter weg von Ballungs- und Touristenzentren, desto günstiger sind die Preise.

Je größer das Grundstück, desto kleiner der Preis pro Quadratmeter und umgekehrt.

Auf jeden Fall kann ein Grundstückskauf in einem Entwicklungs- oder Schwellenland wie Panama eine Herausforderung sein. Schwierigkeiten gibt es immer wieder mit den Papieren oder nicht geklärten Eigentumsverhältnissen. Ein Fehlen von einem generell angewandten Reglement (an Vorschriften wird sich relativ wenig gehalten) und eine chaotische Grundstruktur dürften jedoch in solchen Ländern zu erwarten sein und natürlich ist Panama auch hier keine Ausnahme.

Verträge

Frisierte Zahlen in Verträgen (um Steuern zu sparen) sind so weit übliche Praxis, dass sie eigentlich schon fast als Norm gelten.

Verträge müssen unbedingt im Beisein eines Anwalts Ihres Vertrauens und am besten in der Anwesenheit von Zeugen unterschrieben werden. Achten Sie darauf, dass das Vertragswerk wasserdicht ist, sprechen Sie die Zahlungsmodalitäten immer mit dem Anwalt ab und lassen Sie sich auch kleine Summen immer quittieren.

Gehen Sie sparsam mit Anzahlungen um. Im Zweifelsfall sind Sie immer auf der sicheren Seite, wenn Sie sich selbst (oder Ihr Anwalt) um zu erledigenden Papierkram kümmern. Verlassen Sie sich nicht auf den Fleiß oder die Motivation des Verkäufers. Obwohl in den letzten Jahren und Jahrzehnten signifikante Verbesserungen auftraten, gibt es doch noch viele Änderungs- und Verbesserungsmöglichkeiten bei den Standards der Immobilienindustrie.

Bevor Sie kaufen:

1. Checken Sie den Titel!

Jeder Einheimische wird Ihnen sagen: Das Grundstück, das zum Verkauf steht, ist getitelt – oft sind sie es jedoch nicht. Teilweise haben Eigentümer nur die „Derechos Possesorios", die Besitzrechte, die jedoch keinen frei übertragbaren und sicheren Titel darstellen. Grundstücke mit „Derechos Possesorios" gehören dem Staat und müssen in letzter Instanz auch vom Staat gekauft werden, nicht nur vom Besitzer.

Versichert Ihnen der Eigentümer, dass der Titel „ im Prozess ist" (*en tramite*) seien Sie skeptisch. Den Titel zu erlangen, ist nicht besonders schwierig, kann jedoch sehr zeitaufwendig sein und sollte am besten unter Ihrer eigenen Regie geschehen.

Glücklicherweise kann man in Panama die Besitzrechte und Verhältnisse einer Immobilie online checken.

Gehen Sie einfach zu: https://www.registro-publico.gob.pa/ und suchen Sie im Verzeichnis nach der Finca-Nummer (sollte auf jedem Plan vorhanden sein) des Grundstücks, an dem Sie interessiert sind. Diese sehr zuverlässige Datensammlung gibt Ihnen genaue Auskünfte über den Eigentümer und den Titelstatus der Immobilie.

2. Ist das Grundstück schuldenfrei?

Manche Immobilien haben ausstehende Belastungen. Im Normalfall sind es nur kleinere Beträge, sie können sich aber auch auf mehrere hundert Dollar belaufen. Natürlich ist das bei einem Grundstückspreis von beispielsweise 100.000 Dollar nur eine geringe Belastung, aber immerhin.

3. Finden Sie die Kosten heraus!

Sind (vor allem bei Großprojekten wie Apartment-Anlagen und *Gated-Community*-Siedlungen) irgendwelche „Übertragungsgebühren" versteckt?

Achten Sie darauf, dass Sie nicht vom vermeintlich günstigen Preis geblendet werden und dann später versteckte Kosten auf Sie zukommen, die ein Schnäppchen teuer machen können.

4. *Pay z Salvo!*

Belastungen eines Grundstücks können im „Pay z Salvo" einer Immobilie versteckt sein.

Schuldet der vorherige Eigentümer jemandem (dem Staat, einer Bank etc.) Geld, der dann auf das Grundstück als Sicherheit zurückgreift, werden Sie als neuer Eigentümer automatisch auch Verantwortlicher für diese Schulden. Immer nachfragen und den Anwalt nachforschen lassen.

5. Kaufen Sie die Firma!

Oft werden in Panama Grundstücke im Namen einer Firma (S.A.) gehalten. Wenn Sie die Möglichkeit haben, sehen Sie zu, nicht nur das Grundstück, sondern die komplette S.A. zu kaufen. Das kann nicht nur bei Gründung von Konten etc. behilflich sein, sondern auch Geld sparen. Im Falle einer Eigentumsübertragung ohne Änderung der Titelverhältnisse müssen Sie keine Titelübertragungssteuer zahlen.

Diese Tipps erscheinen vielleicht offensichtlich, werden jedoch häufig ignoriert, was zu schmerzhaften finanziellen Verlusten führen kann.

Tun Sie sich selbst einen Gefallen und handeln Sie überlegt und keinesfalls impulsiv. Es geht um Ihre Zukunft!

Und noch ein kleiner Tipp:

Viele Erlaubnisse (*Permisos*) und Studien (*Estudios*) werden erst ab einer bestimmten Grundstücks- oder Projektgröße gefordert. Hatten Sie z. B. das Glück, ein großes Grundstück kostengünstig zu erstehen, wollen aber nur einen kleinen Teil davon nutzen oder bebauen, ist es vielleicht empfehlenswert, einen Teil des Grundstücks auszugliedern (*segregación*), um unter bestehende Grenzwerte zu kommen. Erkundigen Sie sich bei den lokalen Behörden.

12. Kapitel:

BAUEN IN PANAMA

Wenn man nicht gerade eine Wohnung in einem Wohnblock in oder nahe Panama City oder einer anderen großen Stadt sucht, ist die fast einzige Möglichkeit, zu seinem Traumhaus zu gelangen, selbst zu bauen.

Alles ist möglich, vieles ist schwierig. Ein Abenteuer ist Ihnen aber in jedem Falle gewiss.

Viel Ärger erwartet Sie, aber lassen Sie sich nicht unterkriegen, die Erfolge, die sich täglich einstellen können (manchmal aber auch nicht), und das Endergebnis sind lohnend.

Ich persönlich würde sagen, es gibt fast nichts Befriedigenderes, als zu sehen, was man während des Tages geschafft hat, und schließlich irgendwann einmal sagen zu können: Dieses Haus habe ich gebaut!

Seien Sie auf jeden Fall so oft wie möglich auf der Baustelle anwesend. Vertrauen in Ihre Arbeiter und deren Können ist gut, aber Kontrolle ist einfach besser und ratsam.

Scheuen Sie sich nicht, selbst Hand oder auch das Maßband anzulegen, schiefe Wände und falsche Maße müssen nicht sein, sind aber schnell passiert. Aber denken Sie immer daran: Perfektion auf dem Bau ist in Panama fast nicht zu erreichen (aufgrund mangelnden Fachwissens der Arbeiter sowie durch die niemals hundertprozentige Qualität des Baumaterials), versuchen Sie es trotzdem so gut wie möglich hinzubekommen.

Und klappt etwas mal nicht ganz so, wie Sie es sich vorgestellt haben, trösten Sie sich. Bei Ihrem nächsten Aufenthalt in einem Hotel oder in einem modernen Gebäude werfen Sie z. B. einen Blick auf die Fliesen im Bad: Auch dort werden Sie Ungenauigkeiten von bis zu einigen Zentimetern feststellen. Eine gute Voraussetzung für ein optimales Gelingen ist, von allem, was die Baustelle betrifft, wenigstens ein bisschen zu verstehen, und auch immer bereit zu sein, zu lernen. Vielleicht packen Sie noch ein paar Handwerks-Ratgeber in Ihren Koffer?

Je mehr Sie können, desto besser – das Warten auf den Fachmann (Elektriker, Installateur etc.) kann lange dauern und auch teuer sein. Zumindest braucht man hier keine komplizierten Heizungs- und Installationssysteme, deshalb lohnt der Versuch, es selbst zu machen, eigentlich immer. Und auch, wenn Sie nicht genau wissen, wie … nachdenken und selbst ausprobieren zahlt sich meist aus.

Achten Sie des Weiteren darauf (wie immer, anwesend sein), dass kein Material verschwendet wird (oder geklaut) und immer genug Nachschub vorhanden ist.

Nichts ist ärgerlicher, als müßige Arbeiter aufgrund eines Mangels an Zement oder Ähnlichem zu haben.

Die Materiallogistik sollten Sie am besten selbst im Auge haben.

Seien Sie flexibel, bringen Sie Ihre Ideen ein, sagen Sie sofort, wenn Sie nicht zufrieden sind oder Ihnen etwas nicht passt. Später kann es zu spät sein oder zu teuer werden – schlimmstenfalls ist es gar nicht mehr zu revidieren.

Und im Zweifelsfall sollten Sie lieber immer den teureren Hammer, die bessere Handkreissäge oder Bohrmaschine kaufen. Erklären Sie den Arbeitern die Funktionsweise eines neuen Geräts, technische Werkzeuge sind nicht wirklich weit verbreitet und deren Benutzung kann durchaus auch für „versiertere" Bauarbeiter schwierig sein. Man nehme zum Beispiel nur die Drehrichtung der Bohrmaschine oder die Hammerfunktion derselben. Ohne spezielle Einweisung nehmen Mensch und Gerät leicht Schaden.

Sparen Sie niemals an Material und Ausstattungsteilen. Kalkulieren Sie gleichzeitig bei der Planung und Kalkulation Ihres Traumhauses lieber mindestens 20 % mehr Kosten und evtl. auch Zeit als veranschlagt ein. Halten Sie sich so fern wie möglich von Ihrem maximalen Budget, um sich

Spielraum zu verschaffen und sich die Garantie zu erhalten, Ihr Projekt auch zu einem erfolgreichen Ende bringen zu können.

Als Anhaltspunkt: Je nach Größe Ihres Projekts und der Anzahl der Arbeiter sollte man zwischen einem halben und einem ganzen Jahr für ein mittelgroßes Haus rechnen.

Stellen Sie sich einen Zeitplan auf (siehe weiter unten), kalkulieren Sie für sich selbst lieber zu viel als zu wenig Zeit ein, schaffen Sie vertragliche Anreize für den Bauunternehmer und seine Arbeiter, pünktlich abzuschließen (beispielsweise mittels einer gestaffelten Prämie bei Fertigstellung vor Termin, evtl. Sanktionen bei Nichteinhaltung des Zeitraums).

Sanktionen sind leider nicht unbedingt wirksam, wenn Sie keinen perfekten Vertrag haben. Und sollten Sie einen perfekten Vertrag haben, wird ihn wohl niemand gerne unterschreiben, wenn Sanktionen enthalten sind – zu groß sind die Unwägbarkeiten. Auch der Bauunternehmer mit jahrelanger Erfahrung wird nie genau wissen, ob er sich auf sein Team verlassen kann (siehe Arbeitsmoral).

Grundsätzlich gilt in Panama immer: „Einem Nackten kannst du nicht in die Tasche greifen" und „Zuckerbrot funktioniert meist besser als Peitsche".

Auszahlungen sollten nur gestaffelt vorgenommen werden. Achten Sie darauf, dies auch im Vertrag zu verankern.

Ist die Hälfte der geplanten Bauzeit schon vergangen und Sie haben schon mehr als die Hälfte des ausgemachten Preises bezahlt, dann haben Sie ein Problem. Führen Sie über eventuelle Vorschüsse Buch, weisen Sie den Verantwortlichen für die Baustelle darauf hin, dass Fristen einzuhalten sind und dass auch schon mehr gezahlt als geleistet wurde.

Sind Sie in dieser Situation, sind allergrößte Vorsicht, gute Ideen und schnelles Handeln angesagt. Drohen Sie, erst wieder zu zahlen, wenn ein weiterer Schritt vervollständigt wurde, kann es sein, dass plötzlich alle Arbeiter abhauen und Sie ohne jemanden auf der Baustelle stehen. Der „worst case" ist es sicher, schon drei Viertel gezahlt zu haben, erst ein Viertel des Hauses stehen zu haben und dann von Bauarbeitern und Bauunternehmer im Stich gelassen zu werden. Regressansprüche oder Ähnliches? Das könnte wirklich schwierig werden, deshalb lassen Sie es besser nicht darauf ankommen.

Kosten und Zeitrahmen planen

Im Folgenden sehen Sie, ob der Kostenvoranschlag Ihres Bauunternehmers hinsichtlich Arbeitskraft und Zeitaufwand gerechtfertigt ist.

Als Faustregel für Mittelklasse-Baustellen hat sich für uns folgende Formel zur voraussichtlichen Kosten-/Zeitrahmen-Berechnung herauskristallisiert:

Rechnen Sie pro *Alvanil* (Maurer) 1–2 *Peones* (Helfer) – je mehr solcher Teams Sie haben, desto schneller kann Ihr Projekt beendet werden.

Als Faustregel ist es vernünftig, pro Monat mit ca. 25 m² Bauleistung – bei zwei Teams, bestehend aus jeweils einem *Alvanil* und 1,5 *Peones* – zu rechnen. (Es ist vernünftig, für zwei Teams jeweils einen persönlichen Helfer pro Maurer und einen Springer zu haben.) Das heißt, ein Haus mit 100 m² (relativ klein) benötigt eine ungefähre Bauzeit von vier Monaten mit den oben genannten Arbeitern.

Um die Kosten Ihres Projekts in der Planungsphase zu kontrollieren, rechnen Sie nun folgende Kosten pro Arbeiter, wie oben genannt:

(ländliche Region, Stand 2009)
Alvanil pro Tag 25 $ – total 50 $
Peon pro Tag 10 $ – total 30 $

Daraus folgt: gesamt 80 $ pro Tag, geschätzte durchschnittliche Arbeitstage pro Monat 20. Das ergibt 1.600 $ pro Monat, wonach ein gerechtfertigter Kostenvoranschlag bei 6.400 $ zuzüglich dem Verdienst des

Bauunternehmers, evtl. Sonderzahlungen, Essenszuschüssen oder Mietzuschuss liegt.

Wie errechne ich die Bauleistung in m²?

Um die erforderliche Bauleistung zu errechnen, benötigen Sie den detaillierten Plan.

Jetzt errechnen Sie die Oberfläche des Septic Tanks und der Sickergrube (sofern gemauert), aller überdachter Flächen und Terrassen sowie geplanter Anbauten (Carport, Schuppen, aber auch die sogenannte *Tapia*, die Stromzuleitung des Hauses mit Hauptsicherung und Zähler). Vergessen Sie nicht, die Größe des zweiten Stocks zu berechnen, falls Ihr Traumhaus darüber verfügen wird. Im zweiten Stock würde ich auf jeden Fall die Bauleistung großzügig kalkulieren (vielleicht wieder plus 20 %), da hohe Wände und höhere Dächer aufwändiger (aufgrund der benötigten Gerüste und der Materiallogistik) zu verwirklichen sind.

Holen Sie sich möglichst viele verschiedene Material-Kostenvoranschläge ein. Es hat sich auch bewährt, bei dem günstigsten und/oder besten Anbieter ein Konto einzurichten – das heißt, Sie leisten Vorkasse und können dann telefonisch ohne großen Aufwand bestellen, evtl. sind auch bessere Preise möglich.

Was darf der Bauplan kosten?

Für einstöckige Gebäude mit allen Stempeln ca. 1.200 $, zweistöckige Gebäude benötigen ein so genanntes Statik-Buch und müssen deshalb teurer veranschlagt werden. Hier ist mit ca. 2.000 $ zu rechnen.

Planung

Achten Sie bei der Planung Ihres Traumhauses bitte auf folgende Punkte:

- äußere Umstände wie Lage, Flüsse, Wetterausrichtung, Sonneneinstrahlung oder Hanglagen
- Erschließung und Erschließungskosten (Straße, Wasser, Strom)

- Materiallogistik (woher müssen Steine, Zement, Sand und andere Materialien gebracht werden?)
- zukünftiger und aktueller Gebrauch (Kinderzimmer, Gästezimmer, Werkstatt, Waschraum)

Denken Sie beim Planen und Bauen auch an weite Dachüberhänge, um Wände, Fenster, Türen etc. vor Regen zu schützen. Bedenken Sie des Weiteren bei großen Fensterflächen die Ausrichtung. Nach Süden gewandte Fenster erhöhen den Energieaufwand beim Kühlen durch vervielfachte Wärmeeinstrahlung.

Planen Sie ausreichend große Zimmer, das Haus sollte insgesamt im Idealfall lieber zu groß als zu klein sein.

Die Spannweite von Trägern sollte möglichst nicht mehr als 5–6 Meter betragen, um unnötig hohe Anforderungen an die Statik (und das Können der Arbeiter) zu vermeiden.

Versuchen Sie, selbst Ihre Pläne zu zeichnen (zumindest als sehr detaillierte und gut bemaßte Entwürfe) und alles möglichst genau zu durchdenken, funktional zu gestalten und z. B. lange Wege (vor allem in der Küche) zu vermeiden.

Ein gutes Fundament ist das A und O Ihres Hauses, sparen Sie hier auf keinen Fall – zur Sicherheit immer größer, tiefer, breiter, als vom Architekten geplant.

Überdachte Flächen wie Terrassen sind das wichtigste Element für ein Haus in den Tropen. Sonnenterrassen werden weniger genutzt, als man denkt. Vor allem, wenn Sie hier wohnen, werden Sie jeden Schattenplatz, vor allem in der „Dry Season" zu schätzen lernen.

Denken Sie an die häufigen starken Regenfälle, planen Sie die Entwässerung Ihres Gartens und eventueller unüberdachter Flächen.

Dächer sollten immer Regenrinnen haben. Fenster sollten gut schließen und isolieren. Achten Sie bei der Installation von Türen und Fenstern auf möglichst kleine Fugen, um das Entweichen gekühlter Luft zu verhindern. Holzfensterrahmen sind sehr schön, bieten jedoch weit weniger Isolierung (durch Fugen und Spalten) als PVC-Fenster.

Sicherheitsmaßnahmen, wie z. B. Gitter vor den Fenstern, sollten auch schon beim Bau eingeplant oder installiert werden.

Auch gute Belüftungsmöglichkeiten sind essentiell.

Bei der Installation der Klimaanlage achten Sie genau auf den richtigen Platz (Belüftung, Lärm, Stromversorgung).

Wollen Sie empfindliche Dinge wie Computer oder Videokameras lagern, sollten Sie darauf achten, dass der Lagerplatz entweder klimatisiert ist oder einen Luftentfeuchter installieren.

Feuchtigkeit (entweder als Luftfeuchtigkeit oder als Eindringen von Wasser durch Löcher und nicht schließende Fenster) und ihre Folgen (Schimmel, Verfärbungen) sind ein großer Bestandteil der anfälligen Wartungsarbeiten. Versuchen Sie daher, schon während des Baus Schwachstellen zu entdecken und zu vermeiden.

Erschließungskosten

Stromversorgung

Woher kommt der Strom? Wo ist die nächste Hauptleitung, wo der nächste Trafo? Je näher an schon bestehenden Linien Ihr Haus oder Grundstück gelegen ist, desto günstiger kann die Erschließung werden.

Große Entfernungen von der „Zivilisation" bedeuten fast automatisch hohe oder zumindest höhere Kosten. Muss eine Stromleitung gelegt werden und es ist kein Umspanntrafo in der Nähe, werden die Kosten des Trafos auf Sie zurückfallen. Ist zwar ein Trafo da, jedoch keine Leitung zu Ihrem Grundstück, werden Sie für den Bau und die Erhaltung ebendieser zuständig sein. Das kann in einem tropischen Land arbeits- und kostenintensiv sein.

12. Bauen in Panama

Panamas Stromanbieter *Union Fenosa* installiert Ihre Zuleitung für Sie kostenfrei, wenn Ihre *Tapia* (Zuleitung, Zähler und Hauptsicherung; muss aus Gründen der Ablesbarkeit immer in der Nähe einer Straße sein) nicht weiter als 30 Meter von der letzten bestehenden, angeschlossenen *Tapia* entfernt ist. Sind Sie zu weit von bestehenden Leitungen entfernt oder auf einer kleinen Insel, bleibt Ihnen nur die Stromversorgung über Generatoren (steter Benzinnachschub nötig) oder durch Solarenergie (extrem hohe Anschaffungs- und Speicherungskosten, für Klimaanlagen fast nicht rentabel zu erstellen).

Wasserversorgung

Im Normalfall ist es überhaupt kein Problem, einen Brunnen zu bohren, wenn Sie nicht die Möglichkeit haben, sich an ein schon bestehendes System Ihres Dorfes oder Ihrer Stadt anzuschließen. Wasser findet sich fast überall in ausreichenden Mengen. Schon in 30 Metern Tiefe erreicht man meist perfektes, sauberes Trinkwasser. Die Kosten einer Brunnenbohrung und der Installation (inklusive Pumpe und Tank) können sich jedoch schnell auch mal auf 5.000–7.000 $ je nach Ausstattung belaufen. Kooperationen mit Nachbarn können sich daher auszahlen. Brunnen sollten immer in der Trockenzeit gebohrt werden, damit Sie auch sicher wissen, dass Sie immer Wasser haben werden.

Straße

Wahrscheinlich werden Sie, je nach Lage Ihres Eigentums, sich nicht gleich am Anfang eine asphaltierte Zufahrt zulegen wollen (Preisfrage). Ist es dann jedoch soweit, dann achten Sie beim Bau Ihrer Zufahrtsstraße peinlich genau darauf, keine allzu großen Steigungen und Gefälle und sehr gute Entwässerungsmöglichkeiten einzuplanen und zu verwirklichen. Der panamaische Straßenbauer wird wohl dazu tendieren, Ihnen die direkteste Verbindung vorzuschlagen. Hier ist jedoch gute Planung und Voraussicht essentiell. Sie wollen ja nicht beim ersten tropischen Regen Ihren gesamten teuer gekauften Schotterbelag den Rinnstein hinunterfließen sehen.

Ausreichende Breite, Entwässerungsgräben und ein guter Belag sind wichtig für die Haltbarkeit und Befahrbarkeit Ihrer Straße. Müssen Bäche überquert werden, achten Sie auf überdimensionierte Durchläufe.

Räume

Waschraum, Garage, Kinderzimmer, Maid-Zimmer, Gästezimmer … Was werden Sie brauchen, welche Dimensionen sind vernünftig und wie viele Gäste werden Sie voraussichtlich beherbergen?

Denken Sie bei der Planung Ihres Hauses auch an den zukünftigen Stromverbrauch. Klimatisierte Räume sollten niemals zu groß dimensioniert sein, um Stromkosten zu sparen. Auf keinen Fall sollten Sie bei der Planung Ihres Traumhauses diese Räume vergessen:

Waschraum:
Ausreichend großer Waschraum für Waschmaschine und evtl. Trockner (Gastrockner sind aufgrund des Energieverbrauchs zu bevorzugen). Wenn Sie sich keinen Trockner anschaffen wollen, achten Sie auf ausreichend Platz zum Wäscheaufhängen und auf gute Belüftung. Ein Trockner ist jedoch sehr zu empfehlen, da die Wäsche bei hoher Luftfeuchtigkeit, Regen und wenig Wind lange zum Trocknen braucht. (Gas)Trockner benötigen einen Abluftanschluss. Heißwasser-, Kaltwasseranschlüsse und Abwasser müssen ausreichend groß dimensioniert sein. Empfehlenswert in der Nähe der Wäschekammer ist eine „Tina", ein Betonwaschbecken zum Einweichen und Vorwaschen.

Werkstatt/Schuppen:
Je geschickter Sie handwerklich sind, desto größer sollten Sie Ihre Werkstatt planen, damit Sie für eigene Arbeiten flexibel sind und möglichst viel Eigenleistung (auch bei Instandhaltung etc.) einbringen können. Aber auch ungeübte Bastler sollten zumindest einen werkstattähnlichen Raum besitzen, um Materialien, Werkzeuge etc. aufbewahren und um zumindest auf eine Basisausstattung zurückgreifen zu können.

12. Bauen in Panama

Heißwasser-/Sicherungsraum:

Ein zentraler Raum im Haus, über den die gesamte Elektroversorgung läuft. So sparen Sie an Material bei der Installation. Achten Sie darauf, mehr als genug Plätze in Ihrem Sicherungskasten zu haben, lieber zu groß als zu klein dimensioniert. Jeder Raum sollte seinen eigenen Schaltkreis haben. Genauso verfahren Sie auch beim Heißwasser, falls Sie ein zentrales System planen.

Durch die zentrale Lage des Raumes wird eine gleichmäßige Versorgung verschiedener Warmwasseranschlüsse gewährleistet, Sie sparen an Rohrleitungen und Kabeln.

Schuppen:

Stauraum, Stauraum, Stauraum – Sie werden Ihn brauchen.

Speisekammer:

Gut belüftet, möglichst sicher vor Insekten und Nagetieren.

Gästezimmer:

Je mehr, desto besser. Sie werden sehen: Keiner Ihrer Freunde wird sich einen Besuch bei Ihnen in Panama entgehen lassen. Am besten sind kleine Extraeinheiten (Zimmer mit Bad, evtl. sogar mit eigenem Eingang oder eigener Küche), um Privatsphäre und Rückzugsmöglichkeiten zu gewährleisten.

Maiden room:

In Panama ist es durchaus üblich, Hausangestellte (Kindermädchen, Koch oder andere) im Haus wohnen zu haben. Auch hier ist eine separate Extraeinheit zu empfehlen.

Grundlegende Informationen

Werkzeuge

Oft sind Werkzeuge von schlechter Qualität; achten Sie beim Kauf darauf, immer die bessere, aber damit leider auch häufig die teurere Variante zu wählen. Es zahlt sich aus.

Werkzeuge abzählen und gut sichern – die Verlockung ist groß und schnell verschwinden einmal eine Zange oder ein Hammer.

Das sollte Ihre Werkzeug Basisausrüstung sein:

- Schubkarren
- Hämmer
- Eimer
- viel Holz (möglichst stabil und gerade), beispielsweise für Schalungen – Schalungen mit *Plywood* vorher behandeln (dann haben sie eine längere Lebensdauer und sind mehrfach zu verwenden) oder gleich beschichtetes *Plywood* verwenden
- Betonmischer
- gerade Latten (*Reglas*) für Verputze, Eckleisten, Türöffnungen etc.
- Spachteln, Kellen (*Balaustre, Flota, Llana*)
- Wasserwaagen, Senkblei und Winkel (*Nivel, Plomo, Esquadra*)
- Metallrohre, um Eisen zu biegen

Materialien

Basics

- flexibler Blechdraht (*alambre dulce*)
- Armierungseisen (*Rebars* oder *Barillas*) in verschiedenen Durchmessern (empfehlenswert sind „media Pulgada" für Säulen, „tres Octavos" für Träger)

12. Bauen in Panama

- Sand (*Arena*, am besten Süßwasser)
- Steine (*piedra*, *cascajo*)
- Zement (trockener Lagerplatz, nicht direkt auf dem Boden, wegen der hohen Luftfeuchte so schnell wie möglich benutzen)

Empfehlenswert ist (vor allem bei größeren Projekten), gekaufte, selbst angefertigte oder nach Maß produzierte Gerüstteile zu verwenden, auf denen dicke Holzbretter zum Laufen gelegt werden, um an Dächern oder im ersten Stock zu arbeiten. Ansonsten müssen Sie mit einem hohen Holzverbrauch durch stetes Auf- und Abbauen von Holzgerüsten rechnen.

Materialwahl

Bedenken Sie bei der Auswahl Ihrer Materialien immer die Transportwege. Hier können regionale Produkte durch kurze Wege beim Sparen helfen.

Je nach Lage Ihres Hauses bieten unterschiedliche Materialien verschiedene Vor- und Nachteile.

Holz muss wegen Schädlingen gut behandelt sein, hat aber den großen Vorteil, dass es – sofern nicht feucht oder von Schädlingen befallen – extrem lang haltbar und gut zu bearbeiten ist. Eine Kombination von natürlichen Materialien (Holz, Flusssteinen etc.) mit Beton ist optisch ansprechend und kann helfen, Geld zu sparen.

Nahe am Strand sollten Sie eher kein Blechdach wählen. Metall muss rostfrei (verzinkt, d. i. *galvanizado*) sein, vor allem in der Nähe von Salzwasser.

Traditionell sind Betonblocks (teils sehr schlechte Qualität) das Standardbaumaterial, als Alternativen kommen Lehm-Holzbauten oder Kompostmaterial wie z. B. M2 von HOPSA infrage.

Dachwahl

Das Dach ist einer der wichtigsten Bestandteile Ihres Hauses, wählen Sie mit Bedacht und investieren Sie in gutes Material.

Verschiedene Materialien zum Bau des Daches stehen zur Auswahl, jedes hat eigene Vor- und Nachteile:

- **Blechdach**
Sehr kostengünstig – direkt auf Holzbalken oder Metallbalken (*cariolas*) gelegt und entweder mit Schrauben oder Nägeln befestigt. Keinerlei Lärm- oder Hitzeisolierung, unschön von unten, eine abgehängte Decke (*cielo raso*) zur Verschönerung und Isolation ist unbedingt empfehlenswert. Auf ausreichend Überlappungen achten.

- **Betondach** (Flachdach oder mit Gefälle)
Arbeits-, material- und kostenintensiv – massiv gegossene oder aus Kompostmaterial gefertigte Betondächer (*Losas*) sind perfekt begehbar und können als Terrasse genutzt werden.
Neigen zu Sickerwassereinbrüchen, wenn sie nicht mit ausreichender Versiegelung (z. B. Produkte von Sika) gebaut oder nachträglich versehen sind. Flachdächer müssen ausreichend Gefälle zur Entwässerung haben und, wenn als Terrasse genutzt, im Idealfall gefliest sein.
Ein Betondach mit Gefälle eignet sich hervorragend, um mit Ziegeln belegt zu werden und bietet extrem gute Dämmeigenschaften (vor allem bei Kompostmaterial).

- **Ziegeldach**
Entweder auf Beton oder auf eine Konstruktion aus Brettern und Latten gelegt. Sehr schöne Optik, die Unterkonstruktion sollte jedoch die Hauptdachfunktion übernehmen, die Ziegel (vor allem handgemachte) sollten eher dekorativ und dämmend wirken.

- **Wellbeton**
Teilweise sehr schlechte Qualität, anfällig für Risse und Brüche, wenn nicht hundertprozentig verlegt. Relativ kostengünstig, trotz etwas besserer Dämmeigenschaften als die eines Blechdachs ist eine abgehängte Decke nötig.

- **Dachpappe**
Vermeiden Sie Billigdachpappe aus China.

- **Penka**
  Naturmaterial (Palmblätter), relativ preisgünstig (ca. 10 Cent pro Blatt), aber in Häusern nicht empfehlenswert – große Gefälle nötig, Insekten und andere Tiere lieben es als Nistplatz. Spätestens nach drei Jahren gibt es erste undichte Stellen, dann ist es eigentlich nur komplett zu ersetzen, nicht zu reparieren. Als Ranchodach gut geeignet und wunderschön.

Böden

Auch bei den verschiedenen Böden und Bodenbelägen, die zur Auswahl stehen, hat man die Qual der Wahl. Verschiede Vor- und Nachteile sollen hier aufgelistet werden:

- **Beton**
  Beton ist der Standardboden in Panama. Meist „pulido", also poliert in der Originalfarbe des Materials (grau); mit wenig Aufwand lassen sich jedoch in die letzte aufgetragene Schicht Farbpigmente einmischen, die dem Boden ein ansprechenderes Äußeres verleihen. Sehr günstig, da nur auf die Bodenplatte eine dünne Zementschicht aufgetragen wird, jedoch extrem rutschig bei Feuchtigkeit und sehr unangenehm, um darauf zu laufen (vor allem barfuß). Durch die offenen Poren des Betons wird dem Körper durch die Fußsohlen spürbar Energie entzogen. Daher sollte diese Art des Bodens in Wohnbereichen (es sei denn, Sie müssen extrem auf die Ausgaben achten) vermieden werden.

- **Fliesen**
  Auf bestehende Betonböden kann ohne größeren Aufwand ein Fliesenboden gelegt werden. Dies sollte jedoch wirklich nur von einem Profi oder Ihnen selbst erledigt werden, sonst werden die Ergebnisse teilweise sehr unschön.
  Fliesen gibt es ab 3 Dollar pro Quadratmeter, nach oben sind wie immer keine Grenzen gesetzt. Um gute Qualität zu erhalten, sollten Sie jedoch mit ca. 10 Dollar pro Quadratmeter rechnen (plus Fliesenkleber und Verlegung). Fliesen helfen, Räume kühl zu halten (gefühlt und reell), sind leicht zu reinigen und sehr haltbar.

- **Holz**
  Ein Echtholzparkett ist nicht nur wunderschön, sondern auch sehr angenehm in Schlaf- und Spielzimmern. Holz als natürlicher Rohstoff hat hervorragende Dämpfungseigenschaften und ist auch zum Barfußlaufen angenehm. Holzböden sind in Panama nicht wirklich gängig; wahrscheinlich werden Sie niemanden finden, der Ihnen professionell das Parkett verlegt – deshalb am besten selber machen!
  Laminatböden sind aufgrund der hohen Luftfeuchtigkeit nicht zu empfehlen. Der Quadratmeterpreis von Echtholzparkett liegt je nach Materialwahl (nur gut abgelagertes Holz verwenden) bei ca. 30 Dollar.

Denken Sie grundsätzlich daran, Lieferfristen einzuplanen – Materiallogistik ist ein essentieller Bestandteil Ihres Erfolges.

Bei Wandfarben, Klebern, Stoffen etc. immer die bessere oder beste Qualität kaufen. Speziell – aber nicht nur – bei Versiegelungen kann einen das Sparen teuer zu stehen kommen.

Vertrag/Baupläne

Besorgen Sie sich einen guten Vertrag, eventuell mit Hilfe eines Rechtsanwalts. Ihr Bauplan sollte alle Stempel etc. enthalten und alle Anforderungen erfüllen. Am besten nur Pläne mit allen Stempeln verlangen (so ersparen Sie sich viel Lauferei).

Verschiedene Stadien des Plans checken, wenn möglich. Je detaillierter Ihre Pläne und Vorlagen sind, desto weniger Möglichkeiten hat der Architekt, Fehler zu machen. Unterkunft, Verpflegung etc. des Bauteams schon vorab klären.

Arbeiter/Bauteam

Im Normalfall sollte jeder Meister seinen Gehilfen selbst mitbringen. Ihr Bauunternehmer sollte vertraglich verpflichtet sein, eine bestimmte

Anzahl von Arbeitern zu beschäftigen. Achten Sie darauf, dass Sie auf keinen Fall verpflichtet sind, den *Seguro social* der Arbeiter zu bezahlen, denn das ist Aufgabe des Bauunternehmers. Falls Sie selbst bauen, zahlen Sie die Beiträge der Arbeiter. Inspektionen werden wie aus dem Nichts auftauchen und teilweise drastische Strafen werden, ohne mit der Wimper zu zucken, verhängt. Aber auch hier kommt es – wie immer – darauf an, wie Sie reagieren, wie Sie Staatsangestellte behandeln, wie viel Glück Sie gerade haben und in welcher Stimmung der Kontrolleur ist.

Es schadet niemals, einen oder auch zwei vertrauenswürdige (zeigt sich leider immer erst mit der Zeit) Helfer aus der nächsten Umgebung einzubeziehen, so bleibt auch etwas Geld in der Gegend. Und je nach Größe Ihres Projektes werden sie auch in Zukunft immer froh sein, Helfer zur Verfügung zu haben, denen Sie vertrauen, die aufräumen, ordnen und vorbereiten.

Beachten Sie, dass Sie möglicherweise einen Schlafplatz für Ihre Arbeiter bereitstellen müssen. Oft lohnt es sich, die Baustelle mit einer Hütte für die Arbeiter zu beginnen, die dann später als Schuppen benutzt werden kann.

Projektplanung z. B. mit Ganttprojects

Um Ihre Fortschritte zu dokumentieren, Geplantes mit dem wirklichen Fortschritt abzugleichen und eine allgemeine Kontrolle über das Geschehen zu haben, ist es für Interessierte oder Versierte lohnenswert, Projekte mit einem Computerprogramm wie GANTT zu planen. Dies kann bei Auszahlungsplänen, Materialbeschaffung etc. sehr hilfreich sein.

Bezahlen Sie vor Baubeginn in Ihrer regionalen Bürgermeisterstelle (*Municipio*) die für den Bau fälligen Steuern (1 % auf den vom Bezirksangestellten *geschätzten* Baupreis; hier ist teilweise große Überredungskunst und Diplomatie notwendig, um die Schätzung klein zu halten).

Wartung

Sonne, Wind und Regen beanspruchen Farben und Lasuren. Holz, das den Witterungen ausgesetzt ist, muss stetig gepflegt werden. Achten Sie darauf, versteckte Termitenstraßen schnellstmöglich zu zerstören und das Nest zu finden. Einmal befallen, ist das Holz oft nicht mehr zu retten.

Auch Plastikteile können unter der extrem starken UV-Strahlung leiden. Schützen Sie Ihr Hab und Gut vor möglichst vielen äußeren Einflüssen, um lange Lebenszeiten zu erzielen und den Wartungsaufwand zu minimieren.

13. Kapitel:

AUFENTHALTSGENEHMIGUNG/VISA

Deutsche, österreichische und Schweizer Staatsbürger benötigen kein Visum zur Einreise nach Panama.

Eine dauerhafte Aufenthaltsgenehmigung lässt sich in Panama auf sehr viele verschiedene Wege erlangen. Manchmal erfordern sie ein hohes Maß an Liquidität – je weniger man in dieser Hinsicht zu bieten hat, desto schwerer wird es einem gemacht (so hat man zumindest oft den Eindruck). Grundsätzlich sollte jedoch gesagt werden, dass im panamaischen Behördendickicht alles eher dazu neigt, lange bis extrem lange zu dauern, und dass sich die Theorie auf dem Papier sehr viel leichter darstellt als die harte Ämterpraxis Panamas.

Viele Anträge und Abläufe (*Tramites*) erfordern einen Anwalt. Ganz wichtig hierbei ist jedoch: Es sollte nicht irgendein Anwalt sein, den man beauftragt. Empfehlungen und Referenzen sind ein Muss.

Es ergeben sich viele Kombinationsmöglichkeiten für die einzelnen Regelungen der Aufenthaltsgenehmigung. Fachliche Beratung kann helfen, Fehlentscheidungen zu vermeiden und sich für den Weg zu entscheiden, der für die jeweilige Person oder die Familie am besten ist.

So manch einer (inklusive uns) hat sich jedoch die ersten Jahre seines Panamaaufenthalts mit dem 90-tägigen Touristenvisum zufriedengegeben. Dieses gewährt einem Einreisenden den 90-tägigen Aufenthalt im Land, jedoch erlaubt es ihm nicht, zu arbeiten.

Mit Empfehlungsschreiben (Bürgschaft) eines Panamaers und seiner Stromrechnung (als Liquiditätsnachweis) lässt sich das Touristenvisum bei der „Migración" (Amt für Einwanderung) nochmals um 90 Tage verlängern. Das heißt, alle drei oder sechs Monate ein paar Tage Kurzurlaub in Costa Rica und wieder mit frischem Stempel – also ganz – legal mit neuem 90 Tage-Touristenvisum im Pass zurückzukehren, ist durchaus möglich.

13. Aufenthaltsgenehmigung/Visa

Allerdings ist diese Lösung auf Dauer nicht unbedingt befriedigend. Seit Neuestem (aber immer noch nicht von offizieller Seite bestätigt) wurde der längstmögliche Aufenthalt auf 180 Tage verlängert.

Um den offiziellen Weg bei der „Migración" zu begehen, ist es wichtig, dass alle angeforderten und im Ausland ausgestellten Papiere folgende Eigenschaften erfüllen:

1. Sie müssen von der Botschaft oder dem Konsulat Panamas im Ausstellungsland apostilliert oder authentifiziert sein.
2. Falls im Ausstellungsland keine Botschaft oder Konsulat existieren, muss dies bestätigt sein und die Nachweise in einem Nachbarland authentifiziert werden.
3. Jedes Dokument muss auf Spanisch vorliegen oder von einem anerkannten Übersetzer übertragen sein.
4. Falls Referenzen auf ausländische Währungen vorliegen, müssen diese auch in US-Dollar umgerechnet angegeben werden.

Im Folgenden sind einige Arten aufgeführt, um Ihre Aufenthaltsgenehmigung zu erlangen. Bei allen Vorgängen brauchen Sie:

- einen Antrag durch einen bevollmächtigten Anwalt,
- eine apostillierte Kopie des Reisepasses (Notar in Panama, Konsulat); falls als nötig erachtet, kann die Einwanderungsbehörde einen Authentizitätsnachweis des Passes verlangen,
- ein polizeiliches Führungszeugnis (beglaubigte Übersetzung),
- eine Geburtsurkunde,
- ein Gesundheitszeugnis, nicht älter als drei Monate bei Antragstellung,
- die Zahlung von 200 $ an den „tesorero nacional" für die Aufnahme in den Bewilligungsprozess,
- die Zahlung von 800 $ als Scheck an die Migrationsbehörde im Falle einer Repatriierung,
- zwei Passfotos mit unbedecktem Kopf.

Hier nun einige der Möglichkeiten, eine permanente Aufenthaltsgenehmigung zu erlangen:

Bevor Sie sich für eine der Möglichkeiten entscheiden, ist es ratsam, mit einem guten Anwalt die verschiedenen Optionen durchzusprechen und die kostengünstigste und am einfachsten zu verwirklichende Möglichkeit zu wählen. Denken und kalkulieren Sie immer langfristig.

Aufenthaltsgenehmigung aufgrund finanzieller Eigenständigkeit durch Errichtung eines Festgeldkontos und Anlage von mind. 300.000 $ über einen Zeitraum von drei Jahren:

Voraussetzungen:

- Nachweis einer nationalen Bank, dass im Namen des Antragstellers mindestens 300.000 $ für einen Zeitraum von mindestens drei Jahren angelegt wurden,
- Kopie des Nachweises, von der Bank beglaubigt.

Aufenthaltsgenehmigung als Empfänger von Renditenzahlungen:

Ein Ausländer, der eine Mindestrente von 2.000 $ aus Einnahmen (Zinsen) eines Kontos (das Konto muss frei von Belastungen, Hypotheken etc. sein) bei der panamaischen Nationalbank oder der panamaischen Sparkasse (*Caja de ahorros*) bezieht, kann sich für diese Art von Visum entscheiden. Genaueres ist geregelt im Ley no. 9 von 1987.

Voraussetzungen:

- Zertifizierung des Kontos bei einer der o. g. Banken, die die Summe und den Zinsertrag darstellt und deren Nichtbelastung durch Hypotheken etc. anzeigt.

Aufenthaltsgenehmigung wegen Liquidität:

Eine Kombination der beiden oberen Möglichkeiten. Es müssen Erklärungen unterzeichnet werden, dass man sich selbst versorgen kann und die Kosten einer Repatriierung tragen könnte. Nachweis eines Aufenthaltsorts (Hotel, Stromrechnung, Mietvertrag).

13. Aufenthaltsgenehmigung/Visa

Aufenthaltsgenehmigung durch Investition in Wiederaufforstung:

Ein Ausländer kann die Aufenthaltsgenehmigung durch Wiederaufforstung entweder in seinem Namen oder als juristische Person beantragen, wenn er die Investition einer Summe von mind. 60.000 $ in Wiederaufforstungsaktivitäten o. Ä. (von der *Autoridad nacional del ambiente* vorgegeben, ANAM) auf einer Mindestfläche von drei Hektar nachweisen kann. Als juristische Person können auch zwei Ausländer das Visum beantragen, sofern jeder der Antragsteller die oben genannte Summe investiert hat. Die Nichterfüllung hat die Abweisung des Antrags und die Verpflichtung, das Land zu verlassen, zur Folge. Falls Angehörige mitgebracht werden, muss für jede Person der Nachweis einer Extrainvestition von 2.000 $ erbracht werden (Banknachweis). Des Weiteren müssen folgende Dokumente beigebracht werden:

- im Falle einer juristischen Person – eine vom Sekretär und Schatzmeister der S.A. (welche nicht mit der Person des Antragstellers identisch sein dürfen) ausgestellte Deklaration der Aktivitäten, Vermögensaufstellung etc. der S.A.,
- von lizenzierten Buchhaltern verfasste Aufstellung des gesamten investierten Betrages, mit Unterschrift des Antragstellers (muss eine Kopie der Lizenz und *Cedula* des Buchhalters beinhalten),
- beglaubigte Kopie der im Namen des Antragstellers laufenden Aktien der S.A.,
- Kopie der Verdienstaufstellung der S.A., in der das investierte Kapital erscheint. Falls noch kein fiskalisches Jahr seit der Einrichtung der S.A. vergangen ist, muss ein Nachweis der Zahlung der *Tasa unica* (Steuer) und des Eintrages ins Register beigebracht werden,
- Auszug aus dem *Registro forestal*, von der *Autoridad nacional del Ambiente* ausgestellt,
- Eintragungsurkunden der S.A. und des Grundstücks.

Es gibt in Panama ein paar Anbieter (private Rechtsanwälte oder Firmen wie z. B. *Futuro Forestal*), die gegen eine Gebühr den Verwaltungsaufwand für Sie übernehmen und Ihnen speziell bei dieser Art von Visum helfen können.

Durch Heirat:

Durch Heirat mit einem panamaischen Staatsbürger erhalten Sie die permanente Aufenthaltsgenehmigung. Sie müssen dafür nachweisen, dass Ihre Ehe nicht nur auf dem Papier existiert (gemeinsamer Haushalt etc.). Einfach und sehr kostengünstig, aber wirklich nur zu empfehlen, wenn Sie auch die feste Absicht haben, einen panamaischen Staatsbürger zu heiraten.

Landwirtschafts-Visum:

Wenn Sie wirklich einen Farmbetrieb aufnehmen, eine Obstplantage oder Ähnliches einrichten oder betreiben wollen, so ist dies einer der einfacheren Wege, die Aufenthaltsgenehmigung zu erhalten. Sie müssen die Bewirtschaftung einer bestimmten Fläche nachweisen. Genauere Informationen erhalten Sie beim Amt für Entwicklung (INADEH) und Ihrem Rechtsanwalt.

Microinversionista (Kleininvestor):

Hat Ihr Betrieb mindestens sechs panamaische Angestellte, deren Sozialversicherung und Löhne Sie zahlen (alles mit Nachweisen), dann können Sie die „Microinversionista"-Aufenthaltsgenehmigung erhalten.

Hierzu muss gesagt werden, dass die Anzahl der Angestellten erst vor kurzem von drei auf sechs erhöht wurde – ein weiteres typisches Beispiel dafür, dass der panamaischen Regierung nicht wirklich viel an „kleinen" Einwanderern liegt und eher multinationale Konzerne mit Geld ins Land kommen sollen. Sechs Angestellte sind für ein neu gegründetes Business fast nicht haltbar – alleine an Lohnkosten sind Sie im Monat ca. 3.000–5.000 $ los, die erst einmal verdient werden müssen.

Rentenempfänger (Pensionado):

Einmal erhalten, ist diese Aufenthaltsgenehmigung für den Rest Ihres Lebens gültig.

13. Aufenthaltsgenehmigung/Visa

Der Antragsteller muss ein monatliches Einkommen aus einer Rente von mindestens 1.000 $ (zuvor 600 $) für den Rest seines Lebens nachweisen. Verheiratete können dies auch durch zwei kombinierte Renten erhalten. Falls Sie in Panama ein Haus im Wert von mindestens 100.000 $ kaufen, reduziert sich der Betrag auf 750 $ monatlich. Auch hier brauchen Sie einen übersetzten Nachweis Ihrer Rentenversicherungsanstalt.

Besitzen Sie eine „Pensionado"-Aufenthaltsgenehmigung, erhalten Sie in Panama viele Vergünstigungen. Vom Hotelzimmer über die medizinische Versorgung bis hin zu Flugtickets haben Sie das Recht auf eine Ermäßigung von 25 Prozent.

10-%-Regelung:

Werden Sie in einer panamaischen Firma angestellt (der Prozentsatz an ausländischen Angestellten darf nicht über 10 % sein), erhalten Sie relativ einfach eine Arbeitserlaubnis und Aufenthaltsgenehmigung. Diese muss einige Male verlängert werden, ehe sie permanent wird.

Grundsätzlich:

Lassen Sie sich nicht aus der Ruhe bringen von zum Teil sehr undurchsichtigen Regeln, sich ändernden Gesetzen und langen Wartezeiten, unfreundlichen Schalterbeamten etc.

Denken Sie immer daran, wie sich wohl ein Panamaer im deutschen Behördendschungel zurechtfinden würde. Und wenn eine Tugend in Panama hoch geschätzt wird, dann ist es die Geduld.

Behördengänge:

Bereiten Sie sich bei allen fälligen Behördengängen auf eine zeitintensive Beschäftigung vor. Wartezeiten sind absolut normal, teilweise müssen mehrere Anläufe genommen werden, um zum Teil auch kleine bürokratische Hürden nehmen zu können. Versuchen Sie, Ihren Anwalt möglichst viel selbstständig und ohne Ihr Beisein erledigen zu lassen.

Finanzieller Aspekt:

Sind Sie noch nicht wirklich sicher, ob Panama das Richtige für Sie ist, dann behalten Sie Ihren Touristenstatus bei. Wie oben schon genannt, ist es vielleicht am besten, sich die ersten Monate oder Jahre noch nicht hundertprozentig festzulegen und Geld für eine Aufenthaltsgenehmigung zu verschwenden, die Sie dann vielleicht doch gar nicht gebrauchen werden.

SCHLUSSWORT

Viel Erfolg mit Ihrem neuen Leben! Auch wenn es manchmal nicht leicht ist, Ihnen Steine in den Weg gelegt werden oder man einfach auch mal einen Durchhänger hat. Auf Regen folgt Sonnenschein! Schauen Sie sich um, genießen Sie vor allem die kleinen, wunderschönen Details des Lebens, die man auch gerne mal vergisst.

So viel Freiheit, so viele Spielräume – wo sonst findet man einen Platz, an dem man sich derart selbst verwirklichen kann?

Mit etwas Voraussicht und Planung werden Sie Ihren Schritt, hier noch einmal von vorne zu beginnen, sicher nicht bereuen! Und selbst wenn es Sie irgendwann wieder einmal in die alte Heimat zurückruft … die Erfahrungen, die Sie in Panama gemacht haben, und die Erinnerungen und Abenteuer wird man Ihnen niemals nehmen können.

ANHANG

Anhang

Panama – wichtige Adressen

Tourismusbüro für Zentralamerika:
Severinstrasse 10–12,
50678 Köln
Telefon: (0221) 931 1093
Fax: (0221) 310 1843
email: amik@tkc.de
Jedoch beantwortet das Tourimusbüro für Zentralamerika keine persönlichen telefonischen Anfragen.

Instituto Panameno de Turismo:
Centro de Convenciones ATLAPA,
Via Israel, Apartado 4421, San Francisco,
PA-Panama 5
Telefon: 226 7000 bzw. (1800) 231 0568
Fax: 526 7105

Botschaft von Panama in Deutschland:
S.E. Herr Dario E. Chiru Ochoa,
außerordentlicher und bevollmächtigter Botschafter (seit 13.09.2006),
Lützowufer 26, 1. Stock (Lützow-Center)
10787 Berlin
Telefon: (030) 2260 5811
Fax: (030) 2260 5812
email: info@botschaft-panama.de
Öffnungszeiten: Mo – Fr 9.00–13.00 Uhr
Panama unterhält in
Hamburg ein **Generalkonsulat**
Telefon: (040) 340218, 343616)
sowie **Honorarkonsulate**
in Kiel.
Telefon: (0431) 5199733
in Sauerlach
Telefon: (08104) 9086079
email: haeckel@globe-service.info
in Dresden
Telefon: (0351) 20 54050
Mobil: (0172) 345 4275
email: dierkmews@konsulatpanama.de

Botschaft von Panama in Österreich:
Elisabethstrasse 1/5/1/10
1010 Wien
Telefon: (01) 587 2347
Fax: (01) 586 3080
email: mail@empanvienna.co.at
Öffnungszeiten: Mo – Fr 09.00–14.00 Uhr
(sowie nach vorheriger Vereinbarung).

Botschaft von Deutschland in Panama:
Borusso von Blücher, außerordentlicher und bevollmächtigter Botschafter,
Calle 53 E
Urbanizacion Marbella, Edificio World Trade Center No. 20, Panamá
Postadresse:
Embajada de la República Federal de Alemania,
Apdo: 0832-0536
World Trade Center, Panamá
Telefon: (00507) 263 7733, 263 7991, 264 1147, 263 4677
Fax: (00507) 223 6664
email: info@panama.diplo.de
Deutschland unterhält **Honorarkonsulate**
in David
Telefon: (00507) 775 2528, 775 3697
email: mabson@hotmail.com
und Colón
Telefon: (00507) 211 9410, 430 2414
Mobil: (00507) 6613 0178
email: jdmaritime@cwpanama.net

Honorargeneralkonsulat von Österreich in Panama:
Calle Sevilla Casa F 7b,
Villa de las Fuentes Nr. 1, PA-Panamá City
Postadresse: Apartado 0818, PA-00160 Betina
Telefon: 260 4525, Fax: 260 8839
email: austriacon@cableonda.net
Öffnungszeiten: Mo – Fr 8.00–12.00 Uhr
Österreich hat in Panama keine eigene Botschaft; die zuständige Botschaft Österreichs befindet sich in Bogota/Kolumbien.
Die Schweiz hat in Panama keine diplomatische Vertretung; die zuständige Botschaft befindet sich in San José, Costa Rica.

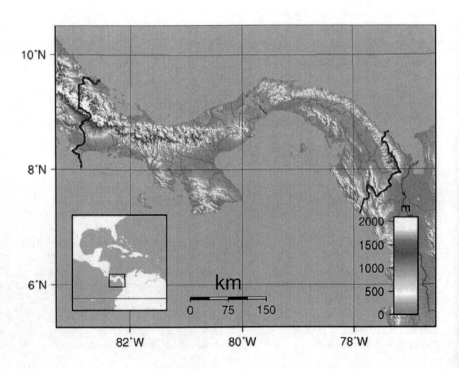

Liste der Städte in Panama

Die mit Abstand größte Agglomeration in Panama ist Panama-Stadt mit einer Einwohnerzahl von 1.215.575 (Stand 1. Januar 2006, geschätzt 2010 1,7 Millionen). Damit konzentrieren sich rund 40 Prozent der Bevölkerung des Landes in der Hauptstadtregion.

Die folgende Tabelle enthält die Städte über 5.000 Einwohner, die Ergebnisse der Volkszählungen (Zensus) vom 11. Mai 1980, 13. Mai 1990 und 15. Mai 2000 sowie eine Berechnung für den 1. Januar 2006. Aufgeführt ist auch die Provinz, zu der die jeweilige Stadt gehört. Die Einwohnerzahlen beziehen sich auf die eigentliche Stadt ohne Vorortgürtel.

		Städte in Panama				
Rang	Stadt	Einwohner				Provinz
		Zensus 1980	Zensus 1990	Zensus 2000	Berechnung 2006	
1.	Panama-Stadt	389.172	413.505	415.964	406.070	Panamá
2.	San Miguelito	156.611	242.529	293.745	326.951	Panamá
3.	Tocumen	21.745	46.500	81.775	89.951	Panamá
4.	David	50.016	64.550	77.057	84.013	Chiriquí
5.	Arraiján	16.272	22.300	58.597	81.118	Panamá
6.	Colón	59.840	54.654	70.687	77.983	Colón
7.	Las Cumbres	4.100	26.087	52.353	73.219	Panamá
8.	La Chorrera	37.566	44.110	55.871	62.359	Panamá
9.	Pacora	k.A.	22.700	51.286	56.414	Panamá
10.	Santiago de Veraguas	21.809	31.913	40.879	46.284	Veraguas
11.	Chitré	17.315	33.394	39.925	44.735	Herrera
12.	Vista Alegre	k.A.	11.600	38.592	42.451	Panamá
13.	Chilibre	k.A.	19.800	30.973	34.070	Panamá
14.	Cativá	k.A.	18.173	25.551	30.483	Colón
15.	Nuevo Arraiján	k.A.	k.A.	21.791	23.970	Panamá
16.	Changuinola	9.528	18.536	21.591	23.153	Bocas del Toro
17.	Alcalde Díaz	k.A.	15.082	18.277	20.081	Panamá
18.	Puerto Armuelles	12.488	16.014	17.997	18.939	Chiriquí

Rang	Stadt	Einwohner				Provinz
		Zensus 1980	Zensus 1990	Zensus 2000	Berechnung 2006	
19.	La Cabima	k.A.	8.975	14.270	18.285	Panamá
20.	Aguadulce	11.087	13.014	15.947	17.502	Coclé
21.	La Concepción	10.460	13.645	15.912	17.102	Chiriquí
22.	Pedregal	1.800	12.602	15.120	16.516	Chiriquí
23.	Veracruz	k.A.	7.300	14.936	16.429	Panamá
24.	Chepo	4.529	5.600	13.304	15.771	Panamá
25.	Antón	5.987	7.220	11.493	14 392	Coclé
26.	Sabanitas	1.700	11.427	12.490	12.935	Colón
27.	Penonomé	7.389	8.700	11.447	12.592	Coclé
28.	Puerto Escondido	k.A.	k.A.	11.425	12.567	Colón
29.	El Coco	k.A.	7.274	10.376	12.504	Panamá
30.	Las Lomas	k.A.	7.957	10.439	11.995	Chiriquí
31.	Volcán	k.A.	5.824	9.185	11.709	Chiriquí
32.	Pocrí	5.600	7.800	10.572	11.629	Coclé
33.	Ancón	k.A.	5.601	7.892	9.445	Panamá
34.	Guadalupe	k.A.	3.303	6.285	8.918	Panamá
35.	Las Tablas	5.230	6.706	7.980	8.687	Los Santos
36.	Altos de San Francisco	k.A.	6.630	7.862	8.533	Panamá
37.	Almirante	4.664	6.866	7.754	8.180	Bocas del Toro
38.	Soná	4.471	6.972	7.394	7.401	Veraguas
39.	Bajo Boquete	k.A.	k.A.	5.655	6.220	Chiriquí
40.	Guabito	k.A.	k.A.	5.530	6.083	Bocas del Toro
41.	La Villa de los Santos	5.604	5.670	5.951	5.970	Los Santos
42.	La Pesa	k.A.	k.A.	5.416	5.958	Panamá
43.	Puerto Pilón	4.000	4.993	5.498	5.720	Colón
44.	Natá	5.185				

Quelle: Wikipedia

Wichtige und interessante Weblinks

News und Unterhaltung:
http://www.eyeonpanama.com
http://www.thepanamareport.com
http://www.thepanamanews.com

Verkäufe/Inserate:
http://panama.es.craigslist.org
http://encuentra24.com

Branchenbuch:
http://Paginasamarillas.com

Foren (deutsch und englisch; oft lohnt es sich, in den Archiven zu stöbern, um Informationen zu erlangen):
http://www.info-panama.com
http://www.panamaforum.com
http://groups.yahoo.com/group/Panama_laws_for_expats/

Staatliche Websites:
http://www.panamatramita.gob.pa (detaillierte Info zu Visa etc.)
http://www.panamacompra.gob.pa (Einkäufe der Regierung, kann für Geschäftsinhaber von Interesse sein)

Generelle Information/Tourismus:
http://www.transamerika.org/pages/panama.php
http://www.republicofpanama.net
http://www.panama-tourism.com
http://meinpanama.com
http://www.cia.gov/ (detaillierte Informationen über alle Länder weltweit)

Immobilien:
http://www.panamareals.com

Blogs von Deutschen in Panama:
http://www.panama06.blogspot.com/
http://www.blog.surfandshake.com/

ÜBER DEN AUTOR

Der Sozialpädagoge Michael Höllerer, geboren am 06.04.1975, ging im Januar 2006 zusammen mit seiner damaligen Lebensgefährtin und jetzigen Frau nach Panama mit dem ursprünglichen Ziel, lediglich ein Sabbatical im Ausland zu verbringen. Nach einigen Monaten Aufenthalt im Land entstand bei beiden der Gedanke, vor Ort etwas für die eigene Zukunft aufzubauen. Michael Höllerer und seine Frau entschieden sich, für immer in Panama zu bleiben. Seit 2009 führen sie in Panama das direkt am Strand gelegene Hotel „Hibiskusgarten", ein kleines Hotel mit acht Gästezimmern und gemütlichem Restaurant.

www.hibiskusgarten.de
info@hibiskusgarten.de

INDEX

A
Alkohol 99, 106
Angestellte(r) 33, 44, 53, 55, 88, 123, 127, 163
Arbeitserlaubnis 164
Ärzte 82, 84
Aufenthalt 84, 112, 114, 115, 120, 139, 159, 160, 177
Auto 21, 45, 47, 57, 58, 61, 87, 109, 113, 115

B
Bank 38, 124, 135, 161
Bankkonto 39

D
Deutsch 34, 37
Drogen 110

E
Einkaufen 45, 118
Einkommen 22, 23, 30, 67, 86, 164
Einkommensteuer 23
Einwohner 127, 173, 174
Essen 53, 61, 69, 85

F
Familie 12, 29, 30, 32, 35, 44, 46, 56, 100, 159
Feiertage 7, 8, 18, 19, 59, 179
Firma 24, 31, 34, 81, 135, 164
Führerschein 105

G
Gesellschaft 43, 124
Geschichte 65, 67

I
Impfung 83
Infrastruktur 11, 21, 49, 67, 71, 113, 117, 131
Internet 16, 36, 67, 105, 126

K
Kanal 15, 21, 67, 115, 116
Kinder 19, 30, 35, 37, 45, 48, 50, 83, 86
Kleidung 50, 84
Korruption 21, 51, 52
Krankenversicherung 81, 88
Kultur 11, 29, 43, 47, 59, 61, 62, 125

M
Markt 76, 84, 127
Medien 16, 62

P
Polizei 87, 97, 99, 109, 115

R
Recht 34, 48, 164
Reisepass 98, 107
Rentner 16, 22

S
Schule 34, 36, 47
Sicherheit 32, 44, 67, 95, 135, 144
Sozialversicherung 31, 163
Spanisch 34, 35, 37, 91, 160
Sprachkurse 34
Steuer 23, 24, 128, 162
Supermarkt 98

T
Tourismus 20, 32, 69, 73, 107, 111, 127, 175
Touristen 82, 99, 108, 110

U
Umwelt 69
Unternehmen 109

V
Versicherung 87, 88
Verträge 24, 25, 33, 87, 123, 127, 133, 141, 153
Visum 22, 37, 157, 159, 161, 162, 163, 175

W
Wirtschaft 71, 73, 76
Wohnung 31, 99, 139

Z
Zinsen 125, 161